Gesunde Küche

Vegetarisch Kochen

Übersetzung: Sibylle Czinczel
Redaktion/Gestaltung: M & L GmbH, München
Umschlaggestaltung: Bine Cordes, Weyarn
Printed in Italy
ISBN 3-88199-652-4

Gesunde Küche

Vegetarisch Kochen

Über 150 Rezeptideen
für die ganze Familie

Pawlak

Inhalt

Gesunde vegetarische Kost

Es gibt heutzutage immer mehr Menschen, die sich einer vegetarischen Ernährungsweise zuwenden. So hat eine kürzlich durchgeführte Meinungsumfrage ergeben, daß in Großbritannien beinahe 3 Millionen Menschen (über 16 Prozent der erwachsenen Bevölkerung) entweder rote Fleischarten von ihrer Speisekarte gestrichen haben oder ganz fleischlos leben. Sei es aus ethischen oder ökologischen Motiven oder aus Gründen des persönlichen Geschmacks - das Bewußtsein nimmt zu, daß eine fleischlose Kost die richtige Basis für eine gesunde Ernährung ist. Im vorliegenden habe ich versucht, die Grundsätze einer gesunden Ernährung mit anregenden Rezepten in Einklang zu bringen.
Eine vegetarische Ernährungsweise kann auf die Bedürfnisse und Geschmacksrichtungen des einzelnen zugeschnitten werden. Viele Menschen werden sicherlich erst einmal die Fleischmenge verringern, die sie zu sich nehmen - besonders teures Rindfleisch -, und verstärkt zu Gemüse, Obst und Brot greifen. Diese Umstellung kann langsam oder auch schneller erfolgen, je nachdem, wie rasch sich Ihr Geschmack und Ihre Gewohnheiten ändern lassen. Schließlich möchten Sie die vegetarischen Regeln vielleicht noch strenger einhalten. Auch dafür gibt es vielseitige Ernährungsvorschläge, aus denen Sie wählen können.
Alle Vegetarier lehnen Fleisch, Fisch, Geflügel und sämtliche Erzeugnisse daraus ab, wie zum Beispiel Talg, Schmalz, Gelatine und Fleischextrakte. Lakto-Vegetarier essen darüber hinaus Milchpro-

dukte (Käse, Milch, Joghurt usw.), während Ovo-Lakto-Vegetarier auch Eier essen. Die strengsten Vegetarier, die Veganer, nehmen grundsätzlich nichts zu sich, was von Tieren stammt.

Voraussetzungen für eine gesunde Ernährungsweise

In neueren medizinischen Studien hat man die Rolle der Ernährung bei der Entstehung von Krankheiten und ihrer Verhütung untersucht. Man kam dabei zu dem Schluß, daß es in den entwickelten Ländern eine große Anzahl von übergewichtigen Menschen gibt, ein Zustand, der mit einem erhöhten Risiko für die Entstehung von Diabetes und Herz- und Kreislaufkrankheiten in Verbindung gebracht wird.

Dazu kommt noch, daß viele von uns zu viel Alkohol trinken, einen zu hohen Anteil ihres Kalorienbedarfs in Form von Fetten und Ölen zu sich nehmen und nicht genug Ballaststoffe aufnehmen. Auch der Zucker- und Salzverbrauch ist bei den meisten Menschen zu hoch. Die Empfehlungen der Studie laufen hauptsächlich darauf hinaus, daß das Körpergewicht innerhalb normaler Grenzen gehalten werden sollte. Das kann durch regelmäßige körperliche Bewegung und die Verringerung der Fett- und Zuckermengen, die man zu sich nimmt, erreicht werden. Dabei sollte man nicht vergessen, daß auch Alkohol eine Menge Kalorien enthält. Eine vegetarische Kost wirkt sich positiv auf die Gewichtskontrolle aus, da sie meist voluminös ist und sättigt, ohne zuviele Kalorien zu enthalten.

Fette

Zuviel Fett schadet Ihnen; daher sollten Sie sich bemühen, den Verbrauch nicht raffinierter Kohlehydrate, d. h. Getreideerzeugnissen, Brot, Reis und Wurzelgemüse sowie Obst und anderer Gemüse anstelle stark fetthaltiger Speisen zu steigern. Die meisten Menschen sollten die von ihnen verzehrte Fettmenge um ein Viertel verringern, bis sie nicht mehr als 35 Prozent ihrer täglichen Energiezufuhr (Kalorien) ausmacht.
Weniger als die Hälfte des Fettes,

das Sie zu sich nehmen, sollte aus gesättigten Fettsäuren (tierisches Fett) bestehen. Diese Fettart kann meist daran erkannt werden, daß es bei Zimmertemperatur erstarrt. Es handelt sich also bei den meisten tierischen Fetten – Schmalz, Butter und das sichtbare und „unsichtbare" Fett am Fleisch – um gesättigte Fettsäuren, während die meisten pflanzlichen Öle ungesättigt sind und flüssig bleiben. Verwenden Sie daher eine Margarinensorte, die reich an mehrfach ungesättigten Fettsäuren ist. (Strenge Vegetarier werden natürlich Margarinesorten ohne Zusatz tierischer Fette verwenden).

Wenn Sie auch nicht zuviel Fett zu sich nehmen sollten, so brauchen Sie doch eine gewisse Menge, wenn Sie gesund bleiben wollen. Mehrfach ungesättigte Fettsäuren liefern Linolsäure, eine wichtige Fettsäure, die der Körper braucht, aber nicht selbst herstellen kann. Also muß sie mit der Nahrung zugeführt werden. Fette spielen auch eine Rolle bei der Aufnahme der fettlöslichen Vitamine A und D. Vegetarier haben hier einen Vorsprung, da sie bereits tierische Fette meiden, die die Hauptquelle für die unerwünschten gesättigten Fettsäuren sind. Allerdings enthalten sämtliche Fettarten etwa doppelt soviel Kalorien je Gewichtseinheit wie die anderen Hauptnahrungsbestandteile – Proteine und Kohlehydrate –, so daß Sie generell auf die Aufnahme von Fett achten sollten, wenn Sie Gewichtsprobleme haben.

Milch und Joghurt: Wenn Sie etwa 300 ml Vollmilch am Tag trinken, nehmen Sie pro Woche etwa 80 g Fett auf. Versuchen Sie es mit entrahmter Milch, die kein Fett mehr enthält, aber immer noch wichtige Mineralstoffe und Vitamine des B-Komplexes aufweist. Wenn sie Ihnen nicht schmeckt, versuchen Sie es zuerst einmal mit halb entrahmter Milch für Getreideprodukte und Kaffee oder Tee und entrahmter Milch für gekochte Speisen. Fettarmes Naturjoghurt enthält normalerweise etwa 1 Prozent Fett, einige Marken allerdings bis zu 10 Prozent. Joghurt kann anstelle von Sahne zur Verfeinerung von Speisen verwendet werden. Wenn man Joghurt einige Stunden in einem Sieb, das mit einem feinen Mulltuch ausgelegt ist, abtropfen läßt, wird es so fest, daß man es wie Quark verwenden kann.

Käse: Hartkäse, wie zum Beispiel Cheddar, enthält 50 Prozent mehr Fett als Weichkäse wie Chamembert und Edamer. Sie verbrauchen weniger, wenn Sie ihn reiben und zum Beispiel mit geschälten Tomaten mischen. Es gibt inzwischen auch mehrere Käsesorten mit verringertem Fettgehalt auf dem Markt. Weichkäse (und mehrfach ungesättigte Margarinesorten und andere Brotaufstriche mit geringem Fettgehalt) lassen sich leichter verteilen und sich daher sparsamer verwenden. Auf heißem Brot oder Toast sollten Sie keine fetthaltigen Brotaufstriche verwenden, da das Fett schnell einzieht und man leicht zuviel nimmt. Anstelle von Sahnekäse sollten Sie magere Frischkäse wie Quark verwenden.

Eier: Verringern Sie Ihren Eierverbrauch auf drei oder vier pro Woche. Da sich das Fett allein im Eigelb befindet, unterliegt das Eiweiß keiner Beschränkung; es kann manchen Speisen Fülle verleihen wie zum Beispiel einem Käsesoufflé.

Salatsaucen: Wenn Sie Öle mit typischem Eigengeschmack verwenden - z.B. Walnuß- oder Sesamöl-, brauchen Sie weniger. Ein Weinessig oder auch Balsamessig ist weniger scharf, und Sie können die Essigmenge gegenüber Öl erhöhen; ebenso können Sie Wasser zugeben, ohne den Geschmack zu beeinträchtigen. In Mayonnaise kann die Ölmenge verringert werden, wenn eine Grundlage aus Maismehl verwendet wird (wie bei der Brunnenkresse-Mayonnaise), oder die Mayonnaise kann mit magerem Joghurt angerührt werden.

Nüsse: Mit Ausnahme von Eßkastanien, die wenig Fett enthalten, bestehen Nüsse zu 35 bis 50 Prozent aus Fett, bei dem es sich allerdings zum größten Teil aus ungesättigten Fettsäuren handelt (was besonders bei der Kokosnuß der Fall ist). Nüsse stellen eine gute Proteinquelle dar und können daher als eine Alternative zu Käse angesehen werden, der gesättigte Fettsäuren enthält.

Tips: Zum Backen sollten Sie antihaftbeschichtete Backformen verwenden oder die Formen mit Pergamentpapier auslegen. Beim Braten in einer beschichteten Pfanne können Sie die nötige Ölmenge verringern. Seien Sie sparsam und streichen Sie das Öl mit einem Kuchenpinsel auf die Pfanne. Anstelle von fetthaltigem Gebäck sollten Sie Rezepte wählen, bei denen Brot die Grundlage bildet wie zum Beispiel den „Sommerpudding", und Mürbteig und Blätterteig durch „Fillo"- oder Strudelteig ersetzen.

Ballaststoffe

Ballaststoffe sind zellulosehaltige Bestandteile der unverdaulichen äußeren Häute und Zellwände einer ganzen Reihe von Pflanzen. Es gibt zwei Arten: Die WASSERUNLÖSLICHEN Ballaststoffe passieren den Verdauungstrakt, ohne absorbiert zu werden. Dadurch wird das Volumen des Dickdarms vergrößert, der Darminhalt wird weicher und passiert den Darm schneller, was der Verstopfung vorbeugt. WASSERLÖSLICHE Ballaststoffe, die vor allem in Hülsenfrüchten vorhanden sind, verlangsamen die Aufnahme von Zuckerarten wie der Glukose und können bei der Behandlung von Krankheiten eine positive Rolle spielen, bei denen der Zucker- oder Cholesterinspiegel des Blutes zu hoch ist, zum Beispiel Diabetes. Man nimmt an, daß auch verschiedene andere Krankheiten vermieden werden können, wenn man genug Ballaststoffe zu sich nimmt, darunter Divertikulitis, Blinddarmentzündung, Krampfadern, Hämorrhoi-

den, Darmkrebs und Gallensteine. Die Hauptquelle für Ballaststoffe sind Vollkorngetreide und seine Produkte wie Vollkornmehl, Schrot und entsprechende Nahrungsmittel. Unterschiedliche Mengen an Ballaststoffen sind in proteinreichen Nahrungsmitteln wie Hülsenfrüchten, Körnern, Nüssen, ungeschälten Kartoffeln und anderen Gemüsearten sowie in Früchten enthalten. Einige Vitamine, Mineralstoffe und auch Ballaststoffe gehen beim Mahlvorgang zu Weißmehl verloren, wenn auch einiges davon von den Herstellern wieder zugesetzt wird. Alle Brotsorten liefern wertvolles Protein.
Die rohe Kleie, die äußere Hülle des Weizenkorns, die während des Mahlens entfernt wird, wird zuweilen als Abführmittel empfohlen.

Die Zufuhr größerer Mengen Kleie mit der Nahrung ist jedoch nicht ratsam, da Kleie eine Säure enthält, die sich mit Mineralien (besonders Zink, Kalzium und Eisen) verbindet und sie damit dem Körper entzieht. Die Kleie in Vollkornbrot stellt dieses Problem in diesem Maße nicht, da die Hefe Enzyme abgibt, die diesem Effekt entgegenwirken.

Zucker

Die Menschen in den entwickelten Ländern essen viel zuviel Zucker. In Großbritannien zum Beispiel werden im Jahr pro Person durchschnittlich 38 kg Zucker verzehrt. Der Begriff „Zucker“ gilt hier für weißen und braunen Zucker (Rohrzucker) und andere Zuckerarten wie Maltose, Glukose und Laktose, die oft so verschiedenen Industrieprodukten wie Cola-Getränken, Tomatenketchup und Fleischkonserven zugesetzt werden.
Zucker besitzt keinen Nährwert und sollte soweit wie möglich eingeschränkt werden. Am besten verringert man nach und nach die Mengen an süßen Speisen und Getränken. Ersetzen Sie Zucker, fettreiche Kuchen und Kekse durch frisches Obst. Wenn Sie immer noch Verlangen nach etwas Süßem haben, geben Sie Trockenfrüchte – Aprikosen, Pflaumen, Sultaninen, Rosinen – statt Zucker zu Ihren

Süßspeisen. Diese natürlichen Zuckerquellen schmecken nicht nur gut, sondern liefern auch Ballast- und Mineralstoffe.

Salz

Nach heutigen Theorien gilt Kochsalz nicht mehr als wichtiges Konservierungsmittel, doch wird Salz immer noch in großen Mengen verzehrt, trotz der Tatsache, daß eine hohe Salzzufuhr für die Entstehung von Bluthochdruck verantwortlich gemacht wird. Obwohl Salz ein wichtiger Bestandteil der Nahrung ist, kann der Bedarf des menschlichen Körpers mit einem Zehntel dessen gedeckt werden, was der Durchschnittsbürger normalerweise zu sich nimmt. Die Geschmackssinne können allmählich so erzogen werden, daß sie einen weniger salzigen Geschmack bevorzugen, indem die Verwendung von Salz bei der Zubereitung von Speisen und bei Tisch immer mehr verringert wird. Nehmen Sie stattdessen mehr Kräuter und andere Gewürze.
Sie sollten auch bei Fertiggerichten und abgepackten Nahrungsmitteln auf den Salzgehalt achten.
Essen Sie zum Beispiel ungesalzene statt gesalzene Erdnüsse und prüfen Sie die Etiketten auf den Packungen: Wenn in irgendeiner Form Natrium erwähnt wird, seien Sie vorsichtig.

Zubereitung von Gemüse

Die Vitamine in frisch geernteten Gemüsen gehen bei der Lagerung und Zubereitung leicht verloren. Gemüse sollte unmittelbar vor dem Kochen geputzt werden und in möglichst wenig kochendes Wasser gegeben werden. Um das Vitamin C zu erhalten, das leicht oxydiert, verschließen Sie den Topf immer mit einem Deckel. Die Kochzeit sollte möglichst kurz sein – 5 bis 10 Minuten –, um die Zerstörung hitzeempfindlicher Vitamine auf ein Minimum zu beschränken. Die Gemüsegerichte sollten sofort auf den Tisch gebracht werden.

13 goldene Regeln

Bei der Aufstellung eines gesunden vegetarischen Speiseplans sollten folgende Regeln beachtet werden:

1 Essen Sie Vollkornprodukte.

2 Essen Sie viel Gemüse und verwenden Sie Hülsenfrüchte als Proteinquelle mit geringem Fettgehalt.

3 Seien Sie vorsichtig bei fetthaltigen Nahrungsmitteln und nehmen Sie nur geringe Mengen davon zu sich.

4 Verwenden Sie Joghurt, Quark, Streichkäse und Milch mit niedrigem Fettgehalt.

5 Ersetzen Sie Butter durch Margarine mit mehrfach ungesättigten Fettsäuren.

6 Verwenden Sie Soja-, Mais- oder Sonnenblumenöl beim Kochen; für Salate können Sie diese Ölsorten mit Oliven-, Walnuß- oder Sesamöl mischen.

7 Reduzieren Sie Ihren Eierkonsum auf drei oder vier Stück pro Woche.

8 Essen Sie Obst zum Nachtisch.

9 Kochen Sie Gemüse in möglichst wenig Wasser und so kurz wie möglich.

10 Schränken Sie den Verbrauch industriell vorgefertigter Nahrungsmittel ein, die normalerweise große Mengen gesättigter Fette, Zucker und Salz enthalten.

11 Versuchen Sie, Ihren Alkoholkonsum auf ein Minimum zu beschränken. Zuviel Alkohol ist schädlich für Sie und enthält eine Menge Kalorien.

12 Strenge Vegetarier sollten unbedingt darauf achten, daß sie ihre tägliche Dosis an Vitamin B12 zu sich nehmen.

13 Um eine ausgewogene Proteinzufuhr zu gewährleisten, sollten strenge Vegetarier zweimal täglich ein Gericht auf Getreidegrundlage, dem Körner oder Nüsse zugegeben werden, zu sich nehmen.

Das Frühstück

FRANZÖSISCHER TOAST

4 Scheiben trockenes Weizenvollkornbrot ohne Kruste, 250 ml fettarme Milch, 1 Ei, leicht geschlagen, 2 TL. feiner Zucker, mit einer reichlichen Prise Zimt vermischt

Menge: 4 Scheiben
Die Brotscheiben in eine flache Schale legen. Die Milch mit dem Ei verschlagen und gleichmäßig über das Brot gießen.
Ein paar Minuten einweichen lassen; dann die Brotscheiben umdrehen, damit sie sich ganz mit der Eiermilch vollsaugen.
Eine große beschichtete Bratpfanne mit etwas Öl bepinseln und das Brot darin auf beiden Seiten goldbraun rösten. Mit dem Zucker bestreuen und sofort servieren.

PORRIDGE

175 g grobes oder mittelgrobes Haferschrot oder Haferflocken, 1,2 l Wasser, 1 TL. Salz (nach Belieben)

4 Portionen, ballaststoffreich, fettarm
Der Haferschrot kann über Nacht in der angegebenen Wassermenge eingeweicht werden: Die Kochzeit verringert sich dadurch um etwa 5 Minuten. Den Haferschrot oder die Haferflocken mit dem Wasser in einen Topf geben und aufkochen. Das Salz zugeben, falls verwendet, und unter häufigem Rühren 15 - 20 Minuten schwach aufwallen lassen. Den Porrigde mit etwas Honig, Melasse oder Rohrzucker und, je nach Geschmack, fettarmer Milch oder Sojamilch servieren.

BANANEN - FLIP

4 Bananen ohne Schale, in Scheiben geschnitten, 600 ml fettarme Milch, 225 g Hüttenkäse, 1 Prise Zimt

4 Portionen, fettarm
Die Bananenstücke mit der Milch in einen Mixer geben und 30 Sekunden pürieren. Dann den Hüttenkäse zugeben und weitere 30 Sekunden laufen lassen.
In gekühlte Gläser füllen und mit Zimt bestreuen. Sofort servieren.

MÜSLI

225 g Haferflocken, 225 g Gerstenschrot und Weizenkeime, je nach Geschmack gemischt, 50 g gemischte Nüsse, gehackt, 50 g kernlose Rosinen und grobgehackte Trockenfrüchte (Äpfel, Aprikosen, Datteln, Feigen) je nach Geschmack

Menge: 500 g, ballaststoffreich, fettarm, streng vegetarisch
Die Haferflocken in eine Schüssel geben, dann die restlichen Zutaten untermengen. In einer Büchse oder einem anderen luftdichten Behälter aufbewahren und nach Bedarf verwenden. Mit Fruchtsaft oder einfachem, ungesüßtem Joghurt servieren.
Je nach Jahreszeit kann auch frisches Obst verwendet werden.

FRUCHTMÜSLI MIT JOGHURT

100 g Haferflocken, 4 EL. Weizenkeime, 2 EL. Magermilchpulver, 450 ml fettarme Milch, 50 g Trockenpflaumen, entsteint und gehackt,50 g entsteinte Datteln, gehackt, 25 g kernlose Rosinen, 25 g Walnüsse, gehackt, 1 Orange, geschält und in Spalten zerteilt, 1 Grapefruit, geschält und in Spalten zerteilt, 100 g Trauben, halbiert und entkernt, 300 ml einfaches, ungesüßtes Joghurt (nach Belieben)

4 Portionen, ballaststoffreich, fettarm
Die Haferflocken in eine Schüssel geben, die Weizenkeime, das Milchpulver, die Milch, Trockenfrüchte und Nüsse dazugeben und gut untermischen. Über Nacht zugedeckt in den Kühlschrank stellen. Am nächsten Morgen das Müsli in vier Portionen aufteilen und die frischen Früchte mit Joghurt darauf verteilen.

HEISSE APFEL - MUFFINS

225 g Weizen-Vollkornmehl,
1 Prise Salz, 1 EL. Backpulver, 50 g feiner Zucker, 2 Eier,
150 ml fettarme Milch, 50 g Margarine zerlassen, 75 g Tafeläpfel,
geschält und geraspelt

Menge: 20 - 24 Muffins
fettarm, ballaststoffreich

Die trockenen Zutaten in eine Rührschüssel sieben und die im Sieb verbliebene Kleie dazugeben. In einer anderen Schüssel die Eier schlagen und die Milch und zerlassene Margarine zugeben. Diese Masse rasch unter die Mehlmischung rühren. Nicht schlagen. Es ist nicht schlimm, wenn sich Klümpchen bilden, es kommt vielmehr darauf an, daß der Teig schnell verrührt wird. Dann die geriebenen Äpfel unterheben. Den Teig in 5 cm breite gefettete Muffinförmchen füllen. Die Förmchen sollten zu einem Drittel gefüllt sein.
Im vorgeheizten Backofen bei 220° (Gas Stufe 7) 15 - 25 Minuten backen. Aus den Förmchen nehmen und heiß servieren.

Suppen

BRENNESSELSUPPE

450 g Kartoffeln, geschält und in dicke Scheiben geschnitten, Salz, 15 g Margarine, 225 g junge Brennesseln, gewaschen, geputzt und gehackt, 900 ml Gemüsebrühe (S. 26), frisch gemahlener schwarzer Pfeffer, 4 EL. einfaches, ungesüßtes Joghurt

4 Portionen, fettarm
Bereiten Sie diese Suppe im Frühjahr zu, wenn die Brennesseln sehr jung und zart sind, und nehmen Sie nur die obersten Spitzen (etwa 5 cm).
Die Kartoffeln 10 Minuten in Salzwasser kochen und abgießen. Die Margarine in einem Topf zerlassen, die Brennesseln zugeben und 10 Minuten schwach dünsten. Die vorgekochten Kartoffeln und die Brühe zugeben, aufkochen und weitere 10 Minuten leise kochen lassen, bis die Kartoffeln gar sind. Etwas abkühlen lassen, dann im Mixer pürieren und die Suppe in den ausgespülten Topf füllen. Mit Salz und Pfeffer abschmecken und das Joghurt unterrühren.

GEEISTE AVOCADOSUPPE

2 reife Avocados, halbiert und entsteint, 2 TL. Zitronensaft, 1 Stange Sellerie, sehr fein gehackt, 1 EL. Tomatenmark, 450 ml einfaches, ungesüßtes Joghurt, 300 ml Gemüsebrühe (S. 26), 1 - 2 Tropfen Tabasco-Sauce, Salz und frisch gemahlener Pfeffer, Zum Garnieren: Schnittlauch, kleingeschnitten

4 Portionen
Diese Suppe sollte nicht früher als eine Stunde vor der Mahlzeit zubereitet werden, da die Avocados sich verfärben können.
Das Avocadofleisch in eine Schüs-

sel geben, den Zitronensaft zugeben und zu einer glatten Paste schlagen.
Den kleingeschnittenen Sellerie, das Joghurt, Tomatenmark, Tabasco, Salz und Pfeffer zugeben. Mit Gemüsebrühe aufgießen, bis eine dickflüssige Suppe entsteht, dann abschmecken. Im Kühlschrank kaltstellen und dabei die Schüssel auf eine Unterlage aus Eiswürfeln stellen, um die Kühlung zu beschleunigen.
Mit Schnittlauch servieren.

MÖHRENSUPPE MIT INGWER

350 g Möhren, geschabt und in Scheiben geschnitten, 600 ml Gemüsebrühe (S. 26), 1 Stück frische Ingwerwurzel, geschält, 25 g Margarine, 2 mittelgroße Zwiebeln, in Streifen geschnitten, 1 TL. Ingwerpulver, 1 TL. geriebene Orangenschale, 2 EL. Orangensaft, Salz und frisch gemahlenen schwarzen Pfeffer
Zum Garnieren: 4 EL. einfaches, ungesüßtes Joghurt, 4 kleine Stengel frische Petersilie

4 Portionen, fettarm
Die Möhren mit der Brühe und dem Ingwer in einen Topf geben. Aufkochen und 15 Minuten leise kochen lassen. Den Ingwer entfernen und 1 El. Möhrenscheiben herausnehmen und beiseitestellen.
Die Margarine in einem Topf zerlassen, die Zwiebeln zugeben und 3 Minuten vorsichtig dünsten. Das Ingwerpulver hineinrühren und 1 Minute dünsten. Dann die Orangenschale und den Orangensaft hineinrühren und die Möhren und die Brühe zugeben. Im zugedeckten Topf aufkochen und 10 Minuten leise kochen lassen.
Die Suppe im Mixer pürieren oder durch ein Sieb streichen, dann wieder in den Topf geben und mit Salz und Pfeffer abschmecken.
Zum Garnieren aus den aufbewahrten Möhren Formen ausstechen.
Die Suppe erneut erhitzen und in eine vorgewärmte Suppenschüssel oder einzelne Schalen gießen. Mit Joghurt, den Möhrenstücken und Petersilienstengeln garnieren.

PILZSUPPE

350 g dunkle Pilze, geputzt und feingehackt, 1 Zwiebel, in Streifen geschnitten, 300 ml Gemüsebrühe (S. 26), 25 g Margarine, 25 g Weizen-Vollkornmehl, 600 ml fettarme Milch, 6 EL. halbtrockener Sherry, Salz und frisch gemahlener schwarzer Pfeffer, 6 EL. einfaches, ungesüßtes Joghurt
Zum Garnieren: 50 g kleine Champignons, geputzt und in dünne Scheiben geschnitten, 1 EL. frische gehackte Petersilie

4 Portionen, fettarm
Die Pilze und die Zwiebel mit der Brühe in einen Topf geben, zum Kochen bringen und zugedeckt 20 Minuten leise kochen lassen.
Die Pilzsuppe durchseihen oder im Mixer pürieren und beiseitestellen.
Die Margarine im Topf zerlassen, das Mehl einrühren und 1 Minute dünsten. Dann langsam unter ständigem Rühren die Milch zugeben. Zum Kochen bringen – dabei ständig weiterrühren – und 3 Minuten aufwallen lassen. Das Pilzpüree

und den Sherry unterrühren und nach Geschmack mit Salz und Pfeffer würzen. Noch einmal aufkochen, das Joghurt unterrühren und ohne zu kochen durchziehen lassen. Die Suppe in Teller füllen und mit den Champignonscheiben und der Petersilie garnieren.

FRANZÖSISCHE ZWIEBELSUPPE

3 EL. pflanzliches Öl, 500 g Zwiebeln, in feine Streifen geschnitten, 1 EL. Weizenmehl, 1,2 l Gemüsebrühe (S. 26), 1 Bund Suppengrün, Salz und frisch gemahlener schwarzer Pfeffer, 4 - 5 Scheiben Weißbrot, 1 cm dick, 25 g Gruyère, gerieben

4 Portionen
Das Öl in einem großen Topf erhitzen, die Zwiebeln zugeben und unter gelegentlichem Rühren in 10 - 15 Minuten goldgelb dünsten. Das Mehl einrühren, dann unter ständigem Rühren nach und nach die Brühe zugeben. Das Suppengrün zugeben und mit Salz und Pfeffer abschmecken. Zugedeckt etwa 30 Minuten leise kochen lassen. Die Weißbrotscheiben auf beiden Seiten leicht rösten.
Die Suppe in feuerfeste Suppenschalen füllen und jeweils mit einer Scheibe Toast belegen. Mit Käse bestreuen und unter einen heißen Grill oder in den Backofen stellen, bis der Käse goldbraun ist und Blasen wirft.

FRISCHE TOMATENSUPPE

1 EL. pflanzliches Öl,
1 große Zwiebel, feingehackt, 2 Knoblauchzehen, zerdrückt,
450 g reife Tomaten, enthäutet und gehackt, 300 ml Gemüsebrühe (S. 26),
2 Stengel frisches Basilikum, gehackt, Salz und frisch gemahlener schwarzer Pfeffer,
Zum Garnieren:
2 Stengel Petersilie, gehackt

4 Portionen, fettarm, streng vegetarisch
Das Öl in einem großen Topf erhitzen und darin die Zwiebel und den Knoblauch leicht dünsten. Dann die Tomaten und die Gemüsebrühe, Basilikum, Salz und Pfeffer nach Geschmack zugeben. 10 Minuten schwach kochen lassen und mit Petersilie servieren.

GEKÜHLTE BRUNNENKRESSESUPPE

15 g Margarine, 1 große Zwiebel, gehackt, 225 g Lauch, geputzt und in Scheiben geschnitten, 350 g Kartoffeln, geschält und gewürfelt, 1 l Gemüsebrühe (S. 26), geriebene Schale von 1/2 Zitrone, Salz und frisch gemahlener schwarzer Pfeffer, 2 Bund Brunnenkresse, geputzt, 150 ml fettarme Milch

6 Portionen, fettarm
Die Margarine in einem großen Topf zerlassen und die Zwiebel mit dem Lauch unter gelegentlichem Rühren etwa 5 Minuten bei schwacher Hitze dünsten. Die Kartoffeln, die Gemüsebrühe mit der geriebenen Zitronenschale sowie Salz und Pfeffer zugeben.
Im zugedeckten Topf zum Kochen bringen und 30 Minuten leise kochen lassen, bis das Gemüse gar ist. Einige Stengel Brunnenkresse zurückbehalten und den Rest grob hacken. Die gehackte Brunnenkresse zur Suppe geben und noch 2 Minuten kochen lassen. Die Suppe pürieren. Dann die Milch einrühren und abschmecken. Vor dem Auftragen gut abkühlen. Mit der aufbewahrten Brunnenkresse garnieren.

GEMÜSE - BORSCHTSCH

1 EL. Öl, 1 Zwiebel, in Ringe geschnitten, 1,75 l Wasser, 500 g Rote Beete, geschält und grob gewürfelt, 1 große Möhre, geschabt und gewürfelt, 2 Selleriestangen, geputzt und gewürfelt, Salz und frisch gemahlener schwarzer Pfeffer, 225 g Weißkohl, geputzt und in feine Streifen geschnitten, 2 Knoblauchzehen, gehackt, 2 EL. Tomatenmark, 1 EL. Zitronensaft, 1 EL. gehackte Petersilie, 150 ml einfaches, ungesüßtes Joghurt

8 Portionen, fettarm
Das Öl in einem großen Topf erhitzen, die Zwiebel hineingeben und in etwa 5 Minuten weichdünsten. Das Wasser, Rote Beete, Sellerie, Möhren und Salz und Pfeffer nach Geschmack zugeben. Zum Kochen bringen und zugedeckt 30 Minuten leise kochen lassen. Den Kohl, den Knoblauch und das Tomatenmark beifügen und weitere 20 Minuten schwach kochen lassen. Als Geschmacksverfeinerung Zitronensaft und Petersilie zugeben und gründlich unterrühren.
Abschmecken. In einzelne Suppenschalen gießen und mit geschlagenem Joghurt krönen.
Sofort auftragen.

GEMÜSEBRÜHE

2 EL. pflanzliches Öl, 450 g Zwiebeln, in Ringe geschnitten, 450 g Karotten, geschabt und in Stücke geschnitten, 1 Kopf Sellerie, mit Blättern, geputzt und grob gehackt, 1,75 l Wasser, 1 Bund Suppengrün, 6 weiße Pfefferkörner, 1/2 TL. Salz

Menge: 1,5 l, fettarm, streng vegetarisch
Das Öl in einem großen Topf erhitzen, das Gemüse zugeben und unter häufigem Rühren vorsichtig weichdünsten. Das Gemüse darf nicht bräunen, da dies die Farbe der fertigen Brühe beeinträchtigen würde.
Das Wasser hineinrühren, dann die restlichen Zutaten beifügen und langsam zum Kochen bringen. Die Hitze herunterschalten, gegebenenfalls den Schaum abschöpfen und den Topf halb mit einem Deckel zudecken. 1 - 2 Stunden leise kochen lassen. Zwischendurch mit Wasser auffüllen, wenn sich die Kochflüssigkeit im Topf verringert. Den Topfinhalt in ein Sieb oder einen feinen Durchschlag schütten, der mit einem mit heißem Wasser getränkten Musselintuch ausgelegt ist, und durchpassieren. Dabei soviel Brühe wie möglich herauspressen.
Die Brühe völlig abkühlen lassen. In einem zugedeckten Gefäß hält sie sich im Kühlschrank bis zu 5 Tagen, im Gefriergerät bis zu 3 Monaten. Vor der Verwendung noch einmal aufkochen.

MINESTRONE

1 Zwiebel, in Streifen geschnitten, 1 Knoblauchzehe, zerdrückt (nach Belieben), 1 Möhre, geschabt und kleingewürfelt, 1 weiße Rübe, geschält und kleingewürfelt, 1 Stange Lauch, geputzt und kleingeschnitten, 1 Stange Sellerie, geputzt und in Streifen geschnitten, 225 g Tomaten, enthäutet und grob gehackt, 50 g Vollkornnudeln oder Langkorn-Naturreis, 1,2 l Gemüsebrühe (S. 26), Salz und frisch gemahlener schwarzer Pfeffer, 1/4 Kohlkopf, geputzt und in feine Streifen geschnitten, 100 g Stangenbohnen, geputzt und in Stücke geschnitten

6 Portionen, ballaststoffreich, fettarm, streng vegetarisch
Die Zwiebel, den Knoblauch, falls verwendet, die Möhren-, Rüben-, Lauch-, Sellerie- und Tomatenstückchen und Nudeln oder Reis in einen großen Topf geben.
Die Brühe hineinrühren und nach

Geschmack mit Salz und Pfeffer würzen.
Zum Kochen bringen, dann zugedeckt bei schwacher Hitze 30 Minuten kochen lassen, bis alles Gemüse gar ist.
Den Kohl und die Bohnen zugeben und weitere 5 - 10 Minuten kochen, bis alles gar ist.
Nach dem Abschmecken heiß und mit Parmesankäse servieren, der auf jeden Teller Suppe gestreut oder in einem Extraschälchen gereicht wird. Abbildung unten.

GRIECHISCHE GEMÜSESUPPE

450 ml Gemüsebrühe (S. 26), 100 g gemischtes Gefriergemüse, 1 Eigelb, 300 ml einfaches, ungesüßtes Joghurt, Salz und frisch gemahlener schwarzer Pfeffer, 1 EL. gehackte frische Minze, geriebene Schale von 1 Zitrone

4 Portionen

Die Brühe in einen Topf geben und aufkochen. Die Gemüse hineingeben und 5 Minuten bei kleiner Flamme kochen.

Das Eigelb mit dem Joghurt in einer Schüssel leicht verquirlen. Etwa 6 EL. der heißen Brühe dazugeben und gut unterrühren, dann diese Mischung in die Suppe einrühren und vorsichtig ohne zu kochen durchziehen lassen. Mit Salz und Pfeffer abschmecken.

Die Suppe in Schalen füllen und mit der Minze und der geriebenen Zitronenschale bestreuen.

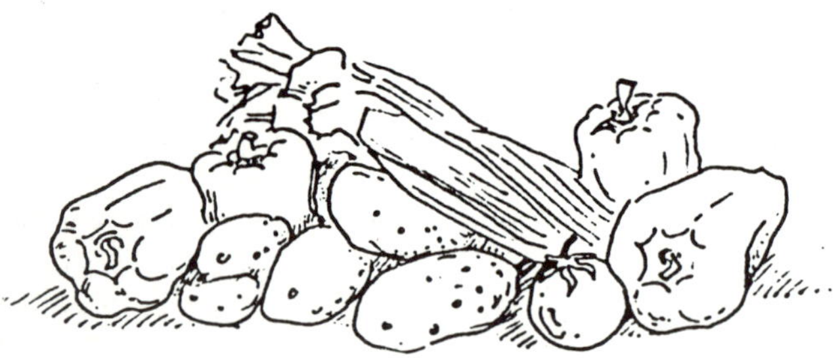

Vorspeisen

GEGRILLTE AUBERGINEN

*1 EL. Weinessig, 2 EL. pflanzliches Öl,
1 TL. Sesamöl (nach Belieben), Salz und frisch gemahlener Pfeffer,
1 Aubergine, etwa 450 g, in 5 mm dicke Scheiben geschnitten,
3 TL. Sesamkörner*

4 Portionen, streng vegetarisch
Den Essig mit dem Öl, dem Salz und dem Pfeffer schlagen. Die Auberginenscheiben auf beiden Seiten damit bestreichen und in eine große feuerfeste Form legen. Möglichst bis zu zwei Stunden durchziehen lassen. Unter einen Grill (Backofen mit Oberhitze) schieben und backen, bis die Scheiben schön gebräunt sind. Umdrehen und mit etwas Marinade bestreichen, mit Sesamkörnern bestreuen und weitergrillen, bis die Körner goldbraun sind. Mit Pittabrot und gemischtem Salat servieren.

GEFÜLLTE ZUCCHINI

*4 kleine Zucchini (ca. 350 g), geputzt, Salz,
geriebene Schale und Saft von 1/2 Zitrone, 1 hartgekochtes Ei, gehackt,
2 EL. Hüttenkäse, 2 EL. grob gehackte frische Minze, 25 g Walnußkerne,
gehackt, 1 Prise Paprikapulver, frisch gemahlener schwarzer Pfeffer,
Zum Garnieren: Salatblätter, Zitronenscheiben,
Minzeblätter*

4 Portionen, fettarm
Die ganzen Zucchini 5 Minuten in Salzwasser kochen, dann gründlich abtropfen lassen. Der Länge nach halbieren und mit einem Teelöffel in der Mitte aushöhlen. Das herausgenommene Fleisch fein hacken und beiseitestellen.

Die geriebene Zitronenschale und den Zitronensaft in eine Schale geben, die Zucchinihälften hineinlegen und durchziehen lassen, bis sie ganz kalt sind.
Das gehackte Ei zusammen mit dem Hüttenkäse, der Minze, den gehackten Nüssen, dem Paprikapulver, Salz, Pfeffer und etwas Marinade mit dem Zucchinifleisch vermischen.
Jeweils zwei Zucchinihälften auf einem Teller anrichten. Die Füllung in die Mitte der Zucchinihälften geben und jede Portion mit einer Zitronenscheibe und einem Minzeblatt garnieren. Dazu dünne Scheiben Vollkornbrot reichen.

TEIGTÄSCHCHEN MIT SPINAT UND KÄSE

750 g Blattspinat, geputzt, oder 350 g Gefrierspinat, 350 g Ricotta-Käse (ersatzweise Schichtkäse), 150 ml einfaches, ungesüßtes Joghurt, 2 EL. gehackter frischer Schnittlauch, 1/2 TL. geriebene Muskatnuß, Salz und frisch gemahlener schwarzer Pfeffer, 350 g „Fillo"- Teig, 50 ml pflanzliches Öl
Zum Garnieren: 1 Bund Brunnenkresse

Menge: 80 Teigtäschchen
„Fillo"- Teig ist in Delikatessengeschäften und griechischen Läden erhältlich. Man kann aber auch Strudelteig verwenden (S. 110).
Den Spinat in sehr wenig kochendem Salzwasser etwa 7 Minuten dünsten, bis er gerade gar ist. Bei Verwendung von Gefrierspinat die Anweisungen auf der Packung beachten. Gut abtropfen lassen, fein hacken und abkühlen lassen.
Den Ricotta-Käse mit dem Joghurt, dem Schnittlauch und Muskat verrühren. Mit Salz und Pfeffer abschmecken, den Spinat zugeben und gründlich vermengen.
Den Ofen auf mittlere Hitze vorheizen (180° C, Gas Stufe 4). Den „Fillo"-Teig auf ein feuchtes Brett legen und durch alle Schichten hindurch in 10 cm breite Quadrate schneiden. Mit einem feuchten Tuch abdecken, während man die Dreiecke zubereitet.
Jeweils ein Teigquadrat nehmen und mit Öl bepinseln. 1 Teelöffel der Fülle in die Mitte geben und das Teigstück diagonal darüberfalten, so daß sich ein dreieckiges Päckchen ergibt. Sie erhalten etwa 80 Teigtaschen.
Die Teigtaschen auf leicht geölte Backbleche setzen (jeweils etwa 10 Stück) und mit Öl bepinseln. Im Ofen etwa 12 Minuten backen, bis sie schön gebräunt sind. Auf einem Gitterrost abkühlen lassen und vor dem Servieren mit Brunnenkresse garnieren.

GEFÜLLTE AUBERGINEN

*3 große Auberginen ohne Stiel,
1 große Zwiebel, gehackt, Salz, 100 g Tomaten, enthäutet, entkernt und gehackt, 2 EL. gehackte Petersilie, 50 g Pilze, geputzt und gehackt, 1 TL. Oregano, frisch gemahlener schwarzer Pfeffer, pflanzliches Öl zum Bestreichen*

4 Portionen, fettarm, streng vegetarisch
Den Ofen auf 180° C vorheizen (Gas Stufe 4). Die Auberginen der Länge nach halbieren. Mit einem Löffel etwas Fleisch herausschaben und fein hacken.
Die Zwiebel in sehr wenig Salzwasser 3 - 4 Minuten dünsten, dann gründlich abtropfen lassen und zum gehackten Auberginenfleisch geben, zusammen mit den Tomaten, der Petersilie, den Pilzen, Oregano und Salz und Pfeffer. Gut miteinander vermischen und jede Auberginenhälfte mit der Mischung füllen. Die Oberseite jeder Hälfte mit Öl bestreichen und im Ofen 45 bis 60 Minuten backen.
Heiß oder kalt servieren.

GEFÜLLTE WEINBLÄTTER

450 g eingelegte Weinblätter, abgetropft, Salz, 1/2 TL. Kurkumapulver, 175 g Langkorn-Naturreis, 1 EL. pflanzliches Öl, 1 kleine Zwiebel, feingehackt, 100 g getrocknete Aprikosen, feingehackt, 50 g Sultaninen, 1 Prise Zimt, 1 Prise Pimentpulver, 1 EL. gehackte frische Minze, 1 TL. Zitronensaft, 300 ml ungesüßter Orangensaft, 150 ml Wasser

4 Portionen, ballaststoffreich, fettarm, streng vegetarisch
Die Weinblätter vorsichtig auseinanderbreiten und in eine Schüssel mit Wasser legen, um die Konservierungsflüssigkeit zu entfernen, dann auf Küchenkrepp legen.
Sie brauchen etwa 30 Blätter; den Rest beiseitelegen.
Einen großen Topf mit Salzwasser zum Kochen bringen und das Kurkumapulver hineinrühren. Den Reis zugeben und etwa 30 Minuten leise kochen lassen, bis der Reis gerade gar ist.
Gründlich abtropfen lassen und in eine Schüssel geben.
Das Öl in einer kleinen Pfanne erhitzen. Die Zwiebel zusammen mit den Aprikosen, Sultaninen, Gewürzen, der Minze und dem Zitronensaft gründlich mit dem Reis vermengen. Jeweils ein Weinblatt flach auf die Arbeitsfläche legen und einen gehäuften Teelöffel der Reismischung in die Mitte geben.

Das Weinblatt wie ein Päckchen zusammenfalten. Soviel Päckchen herstellen, bis die Füllung aufgebraucht ist.
Eine große Bratpfanne mit den restlichen Weinblättern auslegen. Die gefüllten Weinblätter mit der Nahtstelle nach unten nebeneinander in die Pfanne legen.
Diese Schicht mit weiteren Blättern abdecken, dann eine zweite Schicht mit den Päckchen bilden und diese wiederum mit Weinblättern abdecken.
Den Orangensaft und das Wasser darübergießen und die Pfanne mit einem Deckel verschließen.
Bei schwacher Hitze 1 Stunde kochen lassen und, falls notwendig, gelegentlich etwas kochendes Wasser nachgießen.
Wenn sie warm gegessen werden sollen, sollten die Päckchen in der Pfanne etwas abkühlen und dann in einer mit ungekochten Weinblättern ausgelegten flachen Servierschale angerichtet werden. Sofort servieren.
Wenn sie kalt gereicht werden sollen, müssen die Päckchen in der Pfanne ganz abkühlen, dann werden sie wie oben beschrieben in einer Servierschale angeordnet und zugedeckt kaltgestellt.

CHAMPIGNONS IN KNOBLAUCHSAUCE

475 ml fettarme Milch, 50 g Zwiebeln, gehackt,
1/2 TL. Majoran, 1/2 TL. getrocknetes Basilikum,
Salz und frisch gemahlener schwarzer Pfeffer,
2 EL. Weizen-Vollkornmehl,
4 - 5 Knoblauchzehen, geschält und zerdrückt, 225 g kleine Champignons,
300 ml Gemüsebrühe, 100 g Mozzarella, gewürfelt
Zum Garnieren: gehackte Petersilie

4 Portionen
Den Backofen auf 200° C (Gas auf Stufe 6) vorheizen.
350 ml der Milch zusammen mit der Zwiebel, den Kräutern und Gewürzen erhitzen, möglichst im Wasserbad. Die restliche Milch mit dem Mehl glattrühren und ein wenig von der heißen Milch dazugeben. Diese Mischung rasch mit der heißen Milch im Topf verquirlen, bis die Sauce angedickt ist.
Die Pilze putzen und 2 Minuten in der Gemüsebrühe dünsten. Abtropfen und in eine feuerfeste Form geben. Die Brühe für eine Suppe verwenden. Den Knoblauch in die Sauce geben, die Sauce über die Pilze gießen und mit dem Käse bestreuen. Im Ofen 10 - 15 Minuten backen, bis sich die Oberseite schön goldbraun gefärbt hat.
Vor dem Servieren mit gehackter Petersilie bestreuen.

GUACAMOLE (AVOCADOMUS)

*2 große, sehr reife Avocados,
halbiert und entsteint, Saft von 1 Zitrone, 4 Tomaten, enthäutet,
entkernt und gehackt, 1 kleine Zwiebel, gerieben, 1 Knoblauchzehe, zerdrückt,
1/4 TL. Tabasco-Sauce, Salz und frisch gemahlener Pfeffer,
1 kleiner Kopfsalat (nach Belieben)*

6 Portionen, streng vegetarisch
Wenn das Avocadomus nicht sofort verwendet werden soll, legen Sie die Avocadosteine in das Mus und decken Sie es zu – das hilft, eine Verfärbung des Avocadofleisches zu verhindern.
Das Avocadofleisch gründlich zerquetschen, dann die restlichen Zutaten außer dem Salat zugeben und glattschlagen.
Die Zutaten können auch im Mixer püriert werden.
In eine Servierschüssel geben oder auf einzelnen Tellern servieren, garniert mit Salatblättern. Das Avocadomus sofort zusammen mit Vollkorntoast servieren.

TOMATEN MIT JOGHURT UND BASILIKUM

*450 g Tomaten, enthäutet und grob gehackt,
15 g Margarine, Salz und frisch gemahlener schwarzer Pfeffer,
300 ml einfaches, ungesüßtes Joghurt, zimmerwarm,
2 EL. gehacktes Basilikum, 25 g Pinienkerne
Zum Garnieren: 1 Vollkornfladenbrot oder Pitta
(nach Belieben)*

4 Portionen
Die Tomatenstücke 10 Minuten auf einem schräggestellten Brett abtropfen lassen.
Die Margarine in einem flachen Topf zerlassen und die Tomatenstücke darin bei schwacher Hitze einige Minuten dünsten, bis sie eben weich, aber noch nicht matschig sind. Den Topf vom Herd nehmen. Mit Salz und Pfeffer abschmecken.
Das Joghurt glattrühren und in die Tomaten rühren; dann das Basilikum unterrühren, die Masse in eine flache Schüssel gießen und mit Pinienkernen bestreuen. Die Schüssel kann mit Dreiecken aus knusprig geröstetem Fladenbrot oder Pittabrot garniert werden.
Sofort servieren oder eine Weile warmhalten, doch nach der Zugabe von Joghurt nicht noch einmal erwärmen. Dieses Gericht sollte eher warm als heiß serviert werden. Abbildung rechte Seite.

LIBANESISCHE PETERSILIENTUNKE

150 ml Tahin (Sesampaste),
1 - 3 Knoblauchzehen, zerdrückt, 150 ml Zitronensaft, 4 EL. Wasser,
1 Prise Salz, 40 g gehackte Petersilie

4 - 6 Portionen, streng vegetarisch
Tahin ist eine Paste aus Sesamkörnern und Öl, die in Geschäften mit ausländischen Spezialitäten erhältlich ist. Die Sesampaste in einer Schüssel glattschlagen. Den Knoblauch zusammen mit dem Zitronensaft, Wasser und Salz zugeben. Die Tunke sollte die Beschaffenheit einer dickflüssigen Creme haben; notfalls mit Wasser verdünnen. Die Petersilie hineingeben und zu Vollkornfladenbrot oder Rohkost (S. 132) servieren.

SPINATPFANNKUCHEN

15 g Margarine, 500 g frischer Blattspinat, geputzt,
1 kleine Zwiebel, gehackt, Salz, gemahlene Muskatnuß,
1 Portion Vollkornpfannkuchen (S. 122),
40 g Emmentaler, gerieben

4 Portionen, ballaststoffreich fettarm
Die Margarine in einem Topf zerlassen. Den Spinat mit der Zwiebel, dem Salz und Muskat je nach Geschmack zugeben.
Bei schwacher Hitze etwa 12 Minuten dünsten, dann feinhacken.
Nach dem Rezept von S. 122 acht Pfannkuchen backen.
Die Spinatmischung gleichmäßig auf einem Viertel jedes Pfannkuchens verteilen. Die Pfannkuchen jeweils zweimal zusammenklappen, in eine gefettete ofenfeste Form legen und mit dem Käse bestreuen. Unter einem heißen Grill (oder im Backofen mit Oberhitze) 3 - 4 Minuten backen, bis der Käse goldgelb ist und Blasen wirft.

Salate

PILZSALAT MIT KRÄUTERN

225 g sehr frische Pilze ohne Stiele, die Kappen blättrig geschnitten, Salz und frisch gemahlener schwarzer Pfeffer, 2 EL. feingehackte Zwiebel, 1 Knoblauchzehe, zerdrückt, 3 EL. pflanzliches Öl, 1 1/2 EL. Zitronensaft, 2 EL. gehackter Kerbel, 2 EL. gehackter Schnittlauch

4 Portionen, streng vegetarisch
Die kleingeschnittenen Pilzkappen in eine Servierschüssel geben und mit Salz und Pfeffer würzen.
Das Öl, den Zitronensaft und die gehackten Kräuter unterrühren.
Bald nach der Zubereitung servieren, sonst trocknen die Pilze aus.

NATURREISSALAT

225 g brauner Reis (Naturreis), 12 ganze Kardamom-Körner, Salz, 200 g Ananasscheiben aus der Dose, abgetropft und grob gehackt, 1/2 Gurke, gewürfelt, 50 g Haselnüsse, geröstet
Salatsauce: geriebene Schale und Saft von 1 Orange, 2 EL. pflanzliches Öl, 2 TL. Curry-Paste

4 Portionen, ballaststoffreich, streng vegetarisch
Den Reis mit den Kardamom-Körnern in kochendem Salzwasser 40 Minuten kochen, bis er gerade eben gar ist.
Den Reis abtropfen lassen und mit kaltem Wasser spülen, um überschüssige Stärke zu entfernen.
Die gehackte Ananas, die Gurkenwürfel und die Haselnüsse mit dem Reis vermischen.
Alle Saucenzutaten in ein Schraubglas füllen und kräftig schütteln.
Die Sauce gleichmäßig unter den Reissalat mischen.

ROTKOHLSALAT

450 g Rotkohl, geputzt und geraspelt, 225 g Möhren, geschabt und geraspelt, 50 g Rosinen, abgeriebene Schale und Spalten von 2 großen Orangen, 2 EL. Mayonnaise, 2 EL. einfaches, ungesüßtes Joghurt

4 Portionen
Den Kohl mit den geraspelten Möhren und den Rosinen in eine Schüssel geben, dann die Orangenspalten zugeben. Die Mayonnaise mit dem Joghurt glattrühren und die geriebene Orangenschale unterrühren. Vor dem Servieren die Salatsauce über den Salat gießen und gründlich vermengen.

TOMATEN - FENCHEL - SALAT

2 Bund Frühlingszwiebeln, geputzt und in dünne Scheiben geschnitten, 1/2 kleine Fenchelknolle (etwa 100 g), geputzt und der Länge nach in dünne Streifen geschnitten, 350 g Tomaten, enthäutet und gehackt, 25 g Petersilie, grob gehackt, 5 EL. grob gehackte Minze, 2 EL. pflanzliches Öl, 1 EL. Zitronensaft

4 Portionen, streng vegetarisch
Die Frühlingszwiebeln mit dem Fenchel und den Tomaten in eine Schüssel geben. Die Petersilie und Minze untermischen. Das Öl und den Zitronensaft darübergießen und noch einmal gut durchmischen.

SALAT MIT AVOCADOS, GRAPEFRUIT UND SESAM

2 EL. Sesamkörner, 2 große Avocados, geschält, entsteint und in Scheiben geschnitten, Saft von 1 Zitrone, 2 Grapefruits, geschält und in Spalten zerteilt, 1 EL. gehackte frische Minze, Salatblätter

4 Portionen, streng vegetarisch
Die Sesamkörner in einer Pfanne anrösten und beiseitestellen.
Die Avocadoscheiben mit Zitronensaft beträufeln, damit sie sich nicht verfärben. Die Grapefruitspalten und die Minze daruntermischen.
Einige Salatblätter auf vier Tellern verteilen und die Avocadomischung darauf verteilen.
Die Sesamkörner darüberstreuen und servieren.

TOMATENSALAT MIT MOZZARELLA UND BASILIKUM

450 g Tomaten, enthäutet
und in dünne Scheiben geschnitten, 225 g Mozzarella-Käse,
in dünne Stückchen geschnitten, Salz und
frisch gemahlener schwarzer Pfeffer, 3 - 4 TL. Balsam-Essig,
1 1/2 EL. gehacktes Basilikum

4 Portionen
Balsam-Essig ist eine jahrhundertealte Spezialität aus Modena und wird aus Sauvignon- und Lambrusco-Trauben hergestellt, die jahrelang in Maulbeer-, Kastanien- und Wacholderfässern gereift werden. Daraus entsteht ein so milder Essig, daß man damit Salate ohne den Zusatz von Öl würzen kann. Man bekommt ihn in Delikatessengeschäften.
Mit den Tomatenscheiben eine Hälfte einer flachen Servierschale

belegn, mit den Käsestücken die andere Hälfte. Die Tomaten mit Salz und Pfeffer würzen, die Käsestücke nur mit Pfeffer. Den Essig darübergießen und das gehackte Basilikum darüberstreuen.
Vor dem Servieren etwas durchziehen lassen.

MAIS - PAPRIKA - SALAT

300 g Zuckermaiskolben
aus der Dose, abgetropft, 1/2 grüne Paprika, entkernt und gewürfelt,
1/2 rote Paprika, entkernt und gewürfelt, 1 rote Zwiebel, in Ringe geschnitten,
4 EL. Vinaigrette-Sauce (S. 46), 2 EL. gehackte frische Petersilie,
1 Bund Brunnenkresse, geputzt

4 Portionen, ballaststoffreich, streng vegetarisch
Die Maiskölbchen mit den Paprikawürfeln vermischen. Die größeren Zwiebelringe zum Garnieren aufheben und die restlichen Zwiebelringe unter das Gemüse mischen. Die Sauce mit der Petersilie in ein Schraubglas füllen und kräftig schütteln, dann über die Salatzutaten gießen. Den Salatschüsselrand mit Brunnenkresse belegen und den Salat in die Mitte geben. Mit großen Zwiebelringen garnieren.

ROTER APFEL - UND MEERFENCHELSALAT

100 g Meerfenchel,
1/2 kleine Sellerieknolle, feingehackt,
1 Bund Brunnenkresse, feingehackt, 3 rote Tafeläpfel,
entkernt und in Scheiben geschnitten
Salatsauce: 1 EL. einfaches, ungesüßtes Joghurt,
1 EL. Mayonnaise

4 Portionen
Meerfenchel wächst auf Klippen am Meer und kann an der Küste bei geschäftstüchtigen Fischhändlern gekauft werden. Im Binnenland wird er wohl kaum zu bekommen sein und kann notfalls durch Bohnensprossen ersetzt werden. Den Meerfenchel von verfärbten Stellen befreien und grob hacken. Gründlich in kaltem Wasser abspülen, dann in kochendes Wasser werfen. Aufkochen lassen. 1 Minute blanchieren und abtropfen lassen. Alle Zutaten und die Salatsauce miteinander vermengen.

ITALIENISCHER SALAT

1/2 Kopf krauser Endiviensalat, geputzt und zerteilt, 1 Kolben Chicorée, geputzt und in Streifen geschnitten, 1 Knolle Fenchel, geputzt und in Streifen geschnitten, 1 kleiner Kopf Radicchio, geputzt und zerteilt (nach Belieben), 8 Radieschen, geputzt und in Scheiben geschnitten (falls sie groß genug sind), 4 EL. Vinaigrette-Sauce (S. 46), Salz und frisch gemahlener schwarzer Pfeffer

4 Portionen, fettarm
Alle Zutaten in eine Salatschüssel geben, gut vermengen, dann mit den Gewürzen abschmecken.

WARMER KARTOFFELSALAT

750 g neue Kartoffeln, 2 EL. feingehackte Zwiebel, 3 EL. pflanzliches Öl, 1 EL. weißer Weinessig, Salz und frisch gemahlener schwarzer Pfeffer, 4 EL. gehackter Schnittlauch

4 Portionen, streng vegetarisch
Die Kartoffeln in der Schale 20 Minuten in Salzwasser garen. Abgießen und in dicke Scheiben schneiden. Die gehackte Zwiebel untermischen. Öl und Essig über die Kartoffeln gießen und vorsichtig untermengen, damit die Kartoffeln nicht zerfallen. Mit Salz und Pfeffer abschmecken und 3 Eßlöffel Schnittlauch untermischen.
Den Salat in eine Schüssel geben und die restlichen Schnittlauchröllchen darüberstreuen.

APFEL - UND SELLERIESALAT

750 g Knollensellerie, 3 EL. einfaches, ungesüßtes Joghurt, 2 EL. Mayonnaise, 1 EL. feingehackter Kerbel oder Borretsch, 1 EL. feingehackte frische Petersilie, 2 knackige rote Tafeläpfel, entkernt und in dünne Ringe geschnitten, 100 g Cashewnüsse, feingehackt

6 Portionen, ballaststoffreich
Die Sellerieknolle in einen Topf geben und mit Wasser bedecken. Zum Kochen bringen und bei verringerter Hitze 15 Minuten lang kochen. Gründlich abtropfen und abkühlen lassen, dann schälen und in Würfel schneiden.

Das Joghurt mit der Mayonnaise, dem Kerbel oder Borretsch und der Petersilie verrühren.
Die Apfelscheiben und Selleriewürfel in die Sauce geben und untermischen. In eine Salatschüssel geben und mit den gehackten Nüssen bestreut servieren.

GEMISCHTER GEMÜSESALAT

4 mittlere Kartoffeln, geschält, gekocht und gewürfelt, 1 große Stange Sellerie, feingehackt, 2 Möhren, geschabt und gerieben, 1 kleine Zwiebel, feingehackt, 1/2 kleiner Weißkohl, ohne Strunk, geraspelt, 2 EL. gehackte Essiggurken, 8 schwarze Oliven, entsteint und gehackt, 3 EL. Vinaigrette-Sauce (S. 46), 2 EL. feingehackte frische Petersilie

6 Portionen
Alle vorbereiteten Zutaten in eine große Schüssel geben, mit der Sauce übergießen, gründlich miteinander vermengen.
Den Salat kalt servieren.

WEISSER BOHNENSALAT

225 g weiße Trockenbohnen, über Nacht in kaltem Wasser eingeweicht, 600 ml Wasser, 1 Zwiebel, gehackt, 1 Lorbeerblatt, 2 hartgekochte Eier, in Spalten geschnitten, 8 schwarze Oliven Salatsauce: 3 EL. pflanzliches Öl, geriebene Schale und Saft von 1 kleinen Zitrone, 2 EL. Kapern, 2 Essiggurken, in Scheiben geschnitten, 2 EL. gehackte frische Petersilie, Salz und frisch gemahlener schwarzer Pfeffer

4 Portionen, **ballaststoffreich**
Die Bohnen abtropfen lassen und die Einweichflüssigkeit mit Wasser bis auf 600 ml auffüllen. Die Bohnen mit dem Wasser in einen Topf geben und die Zwiebel und das Lorbeerblatt zugeben. Zugedeckt zum Kochen bringen. 45 Minuten bis 1 Stunde kochen lassen, bis die Bohnen gar sind. Abspülen und gründlich abtropfen lassen. Für die Salatsauce die Zutaten miteinander vermischen und abschmecken. Die Hälfte der Sauce über die Bohnen gießen und mindestens 30 Minuten ziehen lassen. Die Bohnen in eine Salatschüssel geben und die Eierspalten und Oliven darauf verteilen. Die restliche Salatsauce darübergießen und servieren.

BOHNENSPROSSENSALAT

225 g frische Bohnensprossen
oder aus der Dose, abgetropft, 1 Paprikaschote aus der Dose, abgetropft und gehackt, 1 Essiggurke, gewürfelt, 1 EL. feingehackter frischer Schnittlauch
Salatsauce: 2 EL. Olivenöl, 1 EL. Weinessig, 1/2 EL. Senf, 2 TL. Sojasauce

4 Portionen, streng vegetarisch
Die Bohnensprossen mit den Paprikastücken, Gurkenwürfeln und dem feingehackten Schnittlauch in eine große Salatschüssel hineingeben.

Alle Zutaten für die Salatsauce gut miteinander vermischen und über den Salat gießen.
Das Ganze gründlich vermengen und vor dem Servieren etwa 30 Minuten kaltstellen.

GRÜNER SALAT

1/2 Kopfsalat, geputzt und zerteilt, 1/4 Kopf krauser Endiviensalat, geputzt, 1/2 Bund Brunnenkresse, geputzt, 1/4 Gurke, in Scheiben geschnitten, 1 grüne Paprika, entkernt und in Streifen geschnitten, ein paar Frühlingszwiebeln, 120 ml Vinaigrette-Sauce (S. 46)

4 Portionen, streng vegetarisch
Alle Salatzutaten in eine hohe Salatschüssel geben, die Sauce darübergießen und gründlich durchmischen.
Abwandlungen: Ein grüner Salat kann vielfach variiert werden. Probieren Sie einmal die folgenden Vorschläge:
Apfelschnitze: Nehmen Sie rote Tafeläpfel, die entkernt und dünn geschnitzelt werden.
Avocado-Schnitze: Avocados halbieren, entsteinen, schälen und das Fleisch schnitzeln. In Zitronensaft ziehen lassen, um ein Verfärben zu verhindern.
Blumenkohl: In Röschen zerteilen und roh verwenden.
Käse: Nehmen Sie irgendeine Käsesorte, gerieben, kleingeschnitten oder gewürfelt. (Nicht streng vegetarisch.)
Ei: Das Ei hart kochen und in dünne Scheiben schneiden, bevor es zum Salat gegeben wird. (Nicht streng vegetarisch.)
Frische Kräuter: Kräuter waschen, trocknen und gehackt oder als Stengel zugeben.
Grapefruit oder Orangen: Die Schale und die weiße Haut entfernen und die Früchte in Stücke teilen.
Oliven: Abtropfen lassen und ganz oder in Scheiben geschnitten verwenden.
Nüsse: Ganz oder grob gehackt verwenden, erst ganz zuletzt zugeben.

WINTERSALAT

1 EL. Sesamkörner, 1 Möhre, geschabt und feingerieben, 75 g rohe Pilze, geputzt und blättrig geschnitten, 50 g gekochte Rote Beete, geschält und gewürfelt, 1/4 kleine Zwiebel, feingehackt, 1 großer Stengel Petersilie, feingehackt, 1/4 Bund Brunnenkresse, gehackt, 1 - 2 EL. Balsam-Essig (s. S. 39)

4 Portionen, fettarm, streng vegetarisch
Die Sesamkörner in einer schweren Bratpfanne bei mittlerer Hitze hell goldgelb rösten. Auf Küchenkrepp abkühlen lassen. In einer Salatschüssel mit den übrigen Zutaten vermischen und servieren.

RÖMISCHER SALAT MIT JOGHURT-SAUCE

1 römischer Salat, geputzt und zerpflückt, 3 - 4 EL. einfaches, ungesüßtes Joghurt, 1 Knoblauchzehe, zerdrückt, 1 TL. Tomatenmark, Salz und frisch gemahlener weißer Pfeffer

4 Portionen, fettarm
Die Salatblätter in eine Salatschüssel geben. Für die Sauce das Joghurt mit dem Knoblauch, Tomatenmark und Salz und Pfeffer je nach Geschmack glattrühren. Die Sauce über den Salat gießen und unterheben. Sofort servieren.

VINAIGRETTE - SAUCE

1 EL. Weinessig oder Balsam - Essig (s. unter Tomatensalat mit Mozzarella), 1 EL. Wasser, 2 EL. Oliven-, Walnuß- oder Maiskeimöl, Salz und frisch gemahlener schwarzer Pfeffer

4 Portionen, streng vegetarisch
Zutaten in ein Schraubglas geben und kräftig schütteln. Vor dem Servieren noch einmal schütteln.

BRUNNENKRESSE - MAYONNAISE

1 1/2 EL. Maisstärke, 1 TL. Selleriesamen, 1 TL. Senfpulver, 1 TL. Salz, frisch gemahlener schwarzer Pfeffer, 250 ml fettarme Milch, 2 Eigelb verquirlt, 50 ml Essig, 1 Bund Brunnenkresse, gewaschen

Menge: 300 ml, fettarm
Die Maisstärke mit den Selleriesamen, dem Senfpulver und Salz in einem kleinen, schweren Topf verrühren. Die Milch in kleinen Mengen hineinschlagen und bei schwacher Hitze unter ständigem Rühren dünsten, bis die Sauce dick wird. Weitere 2 Minuten dünsten. Etwas abkühlen lassen, das verquirlte Eigelb zugeben und weitere 2 - 3 Minuten dünsten. Vom Feuer nehmen und den Essig unterrühren. Dann zusammen mit der Brunnenkresse im Mixer pürieren. Vor dem Servieren kaltstellen. Die Mayonnaise kann 2 - 3 Tage im Kühlschrank aufbewahrt werden.

GURKEN - UND TOMATEN - RAITA

1 kleine oder 1/2 große Gurke,
in Scheiben geschnitten, 4 Tomaten, in dünne Scheiben geschnitten,
300 ml einfaches, ungesüßtes Joghurt, 2 EL. gehackte Minze,
frisch gemahlener weißer Pfeffer
Zum Garnieren: Minzestengel

4 Portionen, fettarm
Die Gurken- und Tomatenscheiben in einer Schüssel anordnen. Das Joghurt mit der gehackten Minze und Pfeffer nach Geschmack mischen und über den Salat gießen. Mit Minze garnieren.
Gut gekühlt servieren.

SENF - DILL - SAUCE

1 1/2 TL. Dijon-Senf,
1 1/2 TL. pflanzliches Öl, 4 EL. einfaches, ungesüßtes Joghurt,
Saft von 1/2 Zitrone, 2 EL. gehackter Dill

Menge: ausreichend für einen Salat
Den Senf in eine Schüssel geben und das Öl tropfenweise- wie bei der Herstellung von Mayonnaise- unterrühren. Dann das Joghurt hineinrühren. Nach Geschmack Zitronensaft zugeben und den gehackten Dill unterrühren.
Wenn die Sauce zu irgendeinem Zeitpunkt während des Zubereitens gerinnt, kann sie im Mixer wieder zu einer glatten Paste geschlagen werden.

KNOBLAUCH - KRÄUTERSAUCE

150 ml einfaches, ungesüßtes Joghurt,
1 große Knoblauchzehe, mit einer Prise Salz und frisch gemahlenem schwarzen Pfeffer zerdrückt, 2 EL. gehackte gemischte Kräuter (Petersilie, Schnittlauch, Dill und Estragon)

4 Portionen, fettarm
Nach und nach das Joghurt mit dem zerdrückten Knoblauch verrühren, dabei ständig schlagen. Mit Salz und schwarzem Pfeffer würzen. Die gehackten Kräuter untermischen und bis zum Servieren kaltstellen.

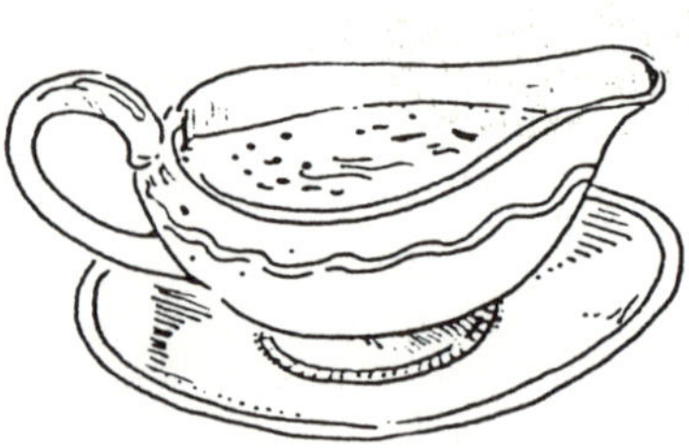

Hauptgerichte

KRÄUTERPIZZA

Teig: 1 TL. Trockenhefe, 150 ml lauwarmes Wasser, 1 Prise Zucker, 225 g Vollkornweizenmehl, 1/2 TL. Salz
Belag: 300 ml dicke Tomatensauce (S. 62), 1 TL. getrockneter Oregano, 1/2 TL. getrockneter Thymian, 75 - 100 g Mozzarella-Käse, grob gerieben, 1 EL. frisch gemahlener Parmesan

4 Portionen, ballaststoffreich
Für den Teig die Hefe in einer Tasse mit 2 Eßlöffeln warmem Wasser und der Prise Zucker auflösen. An einem warmen Ort 10 Minuten gehen lassen, bis die Hefelösung schaumig ist.
Das Mehl mit dem Salz in eine große Schüssel sieben. Die im Sieb verbliebene Kleie untermischen. In die Mitte des Mehls eine Vertiefung drücken und die aufgelöste Hefe und das restliche warme Wasser hineingießen. Mit einem Holzlöffel (oder dem Knethaken eines Rührgeräts) schlagen; gegebenenfalls noch etwas Wasser zufügen. Dann den Teig auf eine bemehlte Arbeitsfläche legen und noch 5 Minuten durchkneten. Den Teig in eine leicht eingeölte Schüssel legen und zugedeckt an einem warmen Ort 1 - 2 Stunden stehenlassen, bis er sich verdoppelt hat. Den Teig niederschlagen und auf ein bemehltes Brett legen. Noch einmal 2 - 3 Minuten kneten und in zwei Hälften teilen. Den Ofen auf 220° vorheizen (Gas Stufe 7).
Jedes Teigstück ziemlich dünn ausrollen. Mit den Händen vorsichtig auseinanderziehen, so daß sich ein dünner Fladen von etwa 25 cm Durchmesser ergibt. Die beiden Fladen auf geölte Backbleche legen, jeweils mit der Hälfte der dicken Tomatensauce bestreichen und der Hälfte der Kräuter bestreuen. Dann den Mozzarella darüber verteilen und den Parmesan daraufstreuen. Etwa 12 Minuten im Backofen backen, bis die Teigränder gebräunt sind und die Mitte sich leicht verfärbt hat.

BOHNEN - KÄSE - PFANNKUCHEN

8 Vollkornpfannkuchen (S. 122)
Füllung: 25 g Hüttenkäse, 450 g Currybohnen mit Sultaninen aus der Dose
Belag: 150 g fettarmer Streichkäse, gehackter Schnittlauch

4 Portionen, ballaststoffreich fettarm
Eine große, flache feuerfeste Form einfetten und den Backofen auf 190° (Gas Stufe 5) vorheizen.
Für die Füllung den Hüttenkäse mit den Currybohnen mischen und mit Salz und Pfeffer würzen.
Die Füllung auf die Pfannkuchen aufteilen und jeden einzeln aufrollen. In die Form setzen, mit Folie bedecken und im Ofen etwa 8 Minuten backen.
Inzwischen den Streichkäse bei schwacher Hitze zerlassen, über die warmen Pfannkuchen geben und mit gehacktem Schnittlauch bestreut servieren.

BROKKOLI - PFANNKUCHEN

8 Vollkornpfannkuchen (S. 122), warmgehalten
Füllung: 450 g Brokkolistiele, geputzt, 25 g Margarine, 25 g Vollkornweizenmehl, 300 ml fettarme Milch, 100 g Gruyère oder Cheddar, gerieben, frisch gemahlener schwarzer Pfeffer

Menge: 8 Pfannkuchen, ballaststoffreich
Den Backofen auf 200° vorheizen (Gas Stufe 6).
Für die Füllung den Brokkoli in kochendem Wasser 5 - 10 Minuten garen, dann gründlich abtropfen lassen und warmhalten.
Die Margarine in einem Topf zerlassen. Das Mehl zufügen und unter ständigem Rühren 1 - 2 Minuten dünsten. Vom Feuer nehmen und nach und nach die Milch unterrühren. Wieder auf die Herdplatte stellen und die Sauce aufwallen lassen, bis sie dick und glatt ist; dabei ebenfalls ständig rühren. Den Käse unterrühren und etwas zum Bestreuen aufbewahren, dann mit Pfeffer abschmecken.
Den Brokkoli gleichmäßig auf die Pfannkuchen aufteilen, dann aufrollen und in eine feuerfeste Form legen. Die Sauce darübergießen und mit dem restlichen Käse bestreuen.
Im Backofen etwa 10 - 15 Minuten überbacken. Heiß servieren.
Abwandlung:
Die Pfannkuchen vor dem Füllen erkalten lassen und in der geschlossenen Form 15 Minuten backen. Dann ohne Deckel 10 - 15 Minuten weiter backen, bis die Sauce Blasen wirft. Heiß servieren.

NUDELN MIT RATATOUILLE

1 große Zwiebel, gehackt, 1 Knoblauchzehe, zerdrückt, 450 g Zucchini, geputzt und in Scheiben geschnitten, 1 große Aubergine ohne Stiel, gewürfelt, 1 grüne Paprika, entkernt und gewürfelt, 450 g Tomaten, enthäutet und gehackt, 1 EL. gehackter Oregano oder Basilikum, Salz und frisch gemahlener schwarzer Pfeffer, 450 g Vollkornnudeln (Spaghetti oder Bandnudeln)
Zum Garnieren: 1 EL. gehackte Petersilie, geriebener Parmesan

4 - 6 Portionen, ballaststoffreich, fettarm
Alle Zutaten außer den Nudeln in einen großen Topf geben. Zugedeckt 30 Minuten dünsten, bis das Gemüse gar und der Saft etwas angedickt ist.
Dabei gelegentlich umrühren.
Inzwischen die Nudeln in einem großen Topf in reichlich Salzwasser gerade eben gar kochen (etwa 5 Minuten bei frisch hergestellten Nudeln und 15 Minuten bei Trokkennudeln). Abgießen und in eine vorgewärmte Schüssel geben.
Die Gemüsesauce abschmecken und über die Nudeln gießen.
Mit gehackter Petersilie und geriebenem Parmesan bestreuen.
Heiß servieren.

LINSENPLÄTZCHEN

1 EL. pflanzliches Öl,
1 Knoblauchzehe, zerdrückt, 1 Zwiebel, feingehackt,
1 Selleriestange, geputzt und gehackt, 1 Möhre, geschabt und kleingehackt,
225 g braune Linsen, 900 ml Wasser, Salz und frisch gemahlener schwarzer Pfeffer,
4 EL. Weizen-Vollkornmehl, 1/2 TL. Ingwerpulver, 1/2 TL. gemahlener Kreuzkümmel, 1 TL. Currypulver, 1 EL. Mango-Chutney, zerkleinert,
1 TL. pflanzliches Öl zum Braten

6 Portionen, fettarm, ballaststoffreich, streng vegetarisch
Das Öl in einem großen Topf erhitzen und vorsichtig den Knoblauch, die Zwiebel, die Sellerie- und Möhrenstückchen darin dünsten, bis sie weichzuwerden beginnen. Die Linsen und das Wasser zugeben und mit Salz und Pfeffer abschmecken. Zum Kochen bringen, dann die Hitze herunterschalten und die Linsen im geschlossenen Topf etwa 1 Stunde leise kochen lassen, bis sie weich sind und die ganze Flüssigkeit aufgesogen ist. Zwei Eßlöffel Mehl, die Gewürze und das Chutney zu den Linsen geben und gut untermischen. Weitere 2 - 3 Minuten unter ständigem Rühren aufwallen lassen. Abschmecken. Die Masse auf einen Teller geben und abkühlen lassen. Den Linsenbrei in 18 gleiche Stücke teilen und jedes zu einem etwa 1 cm dicken Plätzchen formen. Im restlichen Mehl wälzen. Etwas Öl in einer beschichteten Pfanne erhitzen und die Linsenplätzchen auf beiden Seiten knusprig braten.
Die Plätzchen auf einer Unterlage aus Naturreis servieren und mit frischer Tomatensauce begießen.

GEMÜSEPASTETE MIT KRÄUTERTEIG

25 g Margarine, 175 g Zwiebeln, in Streifen geschnitten,
175 g Möhren, geschabt und gewürfelt, 225 g neue Kartoffeln, geschabt und in Scheiben geschnitten, 225 g dicke Bohnen ohne Schote, 225 g frische Erbsen ohne Schote, 100 g Pilze, in Scheiben geschnitten, 225 g Tomaten, in Scheiben geschnitten, 1 TL. Hefeextrakt, knapp 300 ml lauwarmes Wasser
Kräuterteig: 225 g Vollkornweizenmehl, 2 TL. Backpulver, 1 Prise Salz,
100 g Margarine, 2 TL. getrocknete gemischte Kräuter,
kaltes Wasser

4 Portionen, ballaststoffreich
Die Margarine in einem Topf zerlassen, die Zwiebeln, Möhren und Kartoffeln zugeben und etwa 7 Minuten bei schwacher Hitze dünsten, dann in eine große Pasteten-

form füllen. Die Bohnen, Erbsen und Pilze daraufgeben, dann darüber die Tomatenscheiben verteilen. Für den Teig das Mehl mit dem Backpulver und Salz in eine Rührschüssel sieben, die Margarine zugeben und mit den Fingern einarbeiten, bis sie gleichmäßig verteilt ist. Dann die Kräuter zugeben und soviel kaltes Wasser unterkneten, daß ein weicher, aber nicht klebriger Teig entsteht. Leicht durchkneten, bis er geschmeidig ist.
Den Backofen auf 190° (Gas Stufe 5) vorheizen.
Den Hefeextrakt im Wasser auflösen und soviel davon über die Pastete gießen, daß die Flüssigkeit bis 2,5 cm unter den Rand reicht. Im Backofen 30 Minuten backen, dann die Temperatur auf 160° (Gas Stufe 3) herunterschalten und weitere 30 Minuten backen, bis der Teig durchgebacken ist.

GEMÜSESTRUDEL

50 g braune Linsen,
350 ml Wasser, 50 g Zwiebeln, gehackt, 1 TL. Öl,
1/4 TL. gemahlener Kreuzkümmel, 1/4 TL. gemahlener Ingwer,
1 Knoblauchzehe, zerdrückt, 75 g Pilze, geputzt und in Scheiben geschnitten,
1 EL. frische gehackte Kräuter (Petersilie, Thymian, Basilikum, Estragon, Schnittlauch), 100 g Tomaten, enthäutet, 150 ml Gemüsebrühe (S. 26),
2 TL. Tomatenmark, Salz und frisch gemahlener schwarzer Pfeffer,
75 g „Fillo"- Teig (oder Strudelteig),
2 EL. pflanzliches Öl

4 Portionen, ballaststoffreich, fettarm

Die Linsen in einen Topf geben, mit dem Wasser bedecken, zum Kochen bringen und etwa eine Stunde kochen lassen, bis sie weich, aber nicht matschig sind. Inzwischen die Zwiebeln in einer beschichteten Pfanne weich und glasig dünsten. Den Kreuzkümmel, Ingwer, Knoblauch, die Pilze und Kräuter zugeben und noch 2 Minuten dünsten.
Die Tomaten, die Brühe, Tomatenmark und Gewürze zugeben.
Sobald die Tomaten weich sind, die Linsen zugeben und weiterkochen, bis die Mischung die Konsistenz einer weichen Paste bekommt. Abkühlen lassen. Den „Fillo"- Teig in drei Quadrate von 36 cm Breite schneiden. Jedes Teigstück leicht mit Öl bestreichen und aufeinanderschichten.
Die Gemüsefüllung auf den Teig streichen und einen Rand von 2,5 cm Breite freilassen. Diesen Rand mit kaltem Wasser bestrei-

chen. Den Teig zur Hälfte übereinanderklappen und die Ränder fest andrücken. Die Oberseite mit etwas Öl bestreichen.
Den Strudel vorsichtig auf ein leicht eingefettetes Backblech setzen und die Oberseite mehrfach einschlitzen. Bei mäßiger Hitze (180°, Gas Stufe 4) 15 bis 25 Minuten backen, bis der Teig sich hellbraun gefärbt hat.
Mit knackigem Salat servieren.

ZUCCHINI - UND TOMATEN - AUFLAUF

350 g Zucchini, gehackt und in Streifen geschnitten, Salz und frisch gemahlener schwarzer Pfeffer, 2 EL. pflanzliches Öl, 2 mittlere Zwiebeln, geschält und gehackt, 1 grüne Paprika, entkernt und in Streifen geschnitten, 225 g Tomaten, enthäutet und geviertelt, 1 TL. getrockneter Oregano, 2 TL. geriebener Parmesan
Brandteig: 65 g Vollkornweizenmehl, 1 Prise Salz, 50 g Margarine, 150 ml Wasser, 2 Eier, geschlagen

3 Portionen
Die Zucchinischeiben in einen Durchschlag geben und mit Salz bestreuen, dann 15 Minuten lang stehenlassen, damit etwas Saft abtropfen kann.
Den Backofen auf 200° (Gas Stufe 6) vorheizen. Das Öl in einer großen, beschichteten Pfanne erhitzen, die Zwiebeln hineingeben und 5 Minuten langsam dünsten. Die Paprikastreifen einrühren. Die Zucchinischeiben abspülen und abtropfen lassen und in die Pfanne geben. 5 Minuten unter gelegentlichem Wenden mitdünsten. Die Tomaten, den Oregano und die Gewürze zugeben. Etwa 10 Minuten dünsten, bis die Tomatenstücke weichzuwerden beginnen. Beiseitestellen.
Für den Brandteig das Mehl mit dem Salz auf einen Bogen Papier sieben und die im Sieb gebliebene Kleie zugeben. Die Margarine in einem Topf zerlassen, das Wasser zugeben und aufkochen.
Wenn das Wasser sprudelt, den Topf vom Feuer nehmen und sofort die ganze Mehlmenge hineinrühren. Die Masse schlagen, bis sie glatt ist und sich vom Topfrand löst. Etwas abkühlen lassen, dann nach und nach die verquirlten Eier zugeben, nach jeder Zugabe kräftig schlagen.
Den Teig um den Rand einer flachen feuerfesten Form mit 1,2 l Inhalt verteilen. Die Gemüsemischung in die Mitte geben und mit dem Parmesan bestreuen. Im Backofen 30 - 35 Minuten backen, bis der Teig sich goldbraun gefärbt hat und gut aufgegangen ist.
Dazu einen Salat servieren.

FRISCHE TOMATENSAUCE

1 kg reife Tomaten, gehackt, 1 Zwiebel, geschält und feingehackt, 1 Möhre, geschabt und feingehackt, 1 Selleriestange, geputzt und feingehackt, 1 kleine Stange Porree, geputzt und gehackt, 1/2 TL. Salz, 1/2 TL. getrockneter Oregano, 1/2 TL. getrocknetes Basilikum, 1 EL. Tomatenmark, frisch gemahlener schwarzer Pfeffer

Menge: etwa 600 ml, fettarm, streng vegetarisch

Es lohnt sich, die ganze Menge herzustellen, wenn es reichlich Tomaten gibt, und nicht gebrauchte Portionen einzufrieren oder im Kühlschrank aufzubewahren.

Alle Zutaten in einen Topf geben und zum Kochen bringen. Umrühren, dann fest verschließen und 40 - 45 Minuten leise kochen lassen. Im Mixer pürieren und in einen sauberen Topf durchseihen.

Im offenen Topf einige Minuten kochen, um die Sauce anzudicken, dann abschmecken.

TAGLIATELLE MIT FRISCHER TOMATEN - BASILIKUM - SAUCE

225 g Vollkorn-Tagliatelle (breite Bandnudeln), Salz Sauce: 1 EL. pflanzliches Öl, 1 Zwiebel, in dünne Ringe geschnitten, 1 Knoblauchzehe, zerdrückt, 450 - 750 g Tomaten, enthäutet und in Spalten geschnitten, 1 EL. frisches Basilikum, gehackt (oder Minze und Petersilie), frisch gemahlener schwarzer Pfeffer

4 Portionen, streng vegetarisch, fettarm

Die Bandnudeln in einen großen Topf mit kochendem Salzwasser geben und etwa 15 - 20 Minuten kochen (je nachdem, ob die Nudeln frisch zubereitet oder getrocknet sind), bis sie gar, aber noch bißfest sind.

Inzwischen die Sauce zubereiten. Dazu das Öl in einer beschichteten Pfanne erhitzen und die Zwiebel und den Knoblauch darin in etwa 5 Minuten hellbraun dünsten. Die Tomatenstücke zugeben und unter gelegentlichem Rühren weitere 5 Minuten dünsten, bis sich eine dicke Sauce mit Tomatenstücken ergibt. Die Nudeln abtropfen lassen und in eine Servierschüssel geben. Die Tomatensauce heiß darübergießen und servieren.

VOLLKORN - LASAGNE

225 g Vollkornlasagne,
ein paar Tropfen pflanzliches Öl, 600 ml frische Tomatensauce (S. 56),
225 g Ricotta oder trockener Quark, 50 g Parmesan
Weiße Sauce: 25 g Margarine, 2 EL. Vollkornweizenmehl, 150 ml heiße fettarme Milch, Salz und frisch gemahlener schwarzer Pfeffer,
1 Prise geriebene Muskatnuß

6 Portionen, ballaststoffreich, fettarm
Die Lasagneplatten in kochendem Wasser, dem ein paar Tropfen Öl zugesetzt wurden, in 10 - 20 Minuten „bißfest" garen.
Auf ein Küchenhandtuch legen.
Den Backofen auf 180° (Gas Stufe 4) vorheizen.
Ein Viertel der frischen Tomatensauce auf den Boden einer gefetteten hohen Lasagneform streichen. Mit einem Drittel der Lasagneplatten belegen, darüber ein Drittel des weichen Käses verteilen. Mit 1 Teelöffel Parmesan bestreuen. Weitere zwei Lasagne- und Käseschichten bilden, dann die restliche Sauce darüber verteilen. Für die weiße Sauce die Margarine in einem Topf zerlassen, das Mehl einrühren und 2 Minuten dünsten. Nach und nach die Milch einrühren und die Sauce eindicken. Mit Salz, Pfeffer und Muskat würzen und über die Lasagne gießen.
Den restlichen Parmesan darüberstreuen. Im Backofen 30 - 35 Minuten backen, bis sich die Oberseite hellbraun gefärbt hat.

BLUMENKOHLPASTETE MIT KÄSE

450 g Blumenkohl, geputzt und gehackt,
Blätter und Strunk feingehackt, 1 große Zwiebel, geschält und gehackt,
300 ml Wasser, Salz, 4 Eier, leicht verquirlt, 50 g frische Vollkornbrösel,
50 g Parmesan, gerieben, 1 Prise geriebene Muskatnuß,
frisch gemahlener weißer Pfeffer,
300 ml fettarme Milch

4 Portionen
Den Backofen auf 180° C vorheizen.
Den zerkleinerten Blumenkohl mit der Zwiebel zusammen mit dem Wasser und Salz in einen großen Topf geben. Zum Kochen bringen, dann zugedeckt bei schwacher Hitze etwa 10 Minuten kochen lassen, bis der Kohl gerade gar ist.
Das Wasser abgießen.
Die Eier mit den Bröseln, Käse und Muskat sowie Salz und Pfeffer nach Geschmack in eine Schüssel geben.
Gut vermischen. Die Milch erhit-

zen, jedoch nicht kochen lassen, und in die Eiermischung gießen.
Den Blumenkohl in eine feuerfeste Form mit 1,5 l Inhalt oder eine gefettete Ringform geben. Die Eiermischung über den Kohl gießen.
Die Ringform in einen Bräter stellen, der zur Hälfte mit heißem Wasser gefüllt ist, und im Ofen 45 Minuten backen, bis die Eiermasse gestockt ist und ein Spieß, den man hineinsteckt, sauber wieder herauskommt.
In der Form servieren oder ein paar Minuten stehenlassen und dann auf eine vorgewärmte Platte stürzen. Heiß mit frischer Tomatensauce servieren (S. 56). Die Pastete kann auch kalt serviert werden. In diesem Fall sollte sie in der Form abkühlen, bevor man sie auf eine Platte stürzt.

MÖHRENKUCHEN MIT TOMATENSAUCE

100 g blättrige Mandeln, 15 g Margarine, 1 mittlere Zwiebel, geschält und in Streifen geschnitten, 2 Knoblauchzehen, geschält und gehackt, 275 g frische Vollkornbrösel, 225 g Möhren, geschabt und geraspelt, 2 Eier, verquirlt, Saft von 1 Zitrone, 1 EL. gehackte Petersilie, 1 TL. geriebene Muskatnuß, Salz und frisch gemahlener schwarzer Pfeffer,
Sauce: 1 EL. pflanzliches Öl, 1 mittlere Zwiebel, geschält und in Streifen geschnitten, 1 Koblauchzehe, geschält und gehackt, 400 g Dosentomaten, 2 EL. Tomatenmark, 1 EL. gehacktes, frisches Basilikum oder 1 1/2 TL. getrocknetes Basilikum, Salz und frisch gemahlener schwarzer Pfeffer

8 Portionen, ballaststoffreich
Eine Kastenform (ca. 20x15x10 cm) einfetten und den Backofen auf 200° vorheizen (Gas Stufe 6).
Die Mandeln in eine Pfanne geben und ein paar Minuten trocken rösten, dabei die Pfanne öfter schütteln. Aus der Pfanne nehmen.
Die Margarine in der Pfanne zerlassen und die Zwiebel und den Knoblauch in 5 Minuten weichdünsten.
In einer großen Schüssel die Brösel, Möhren und gerösteten Mandeln vermengen. Die Zwiebeln und den Knoblauch zugeben und gründlich untermischen. Die verquirlten Eier, den Zitronensaft, die Petersilie und das Muskatpulver zugeben. Mit Salz und Pfeffer würzen und gründlich vermischen. Falls die Masse zu trocken ist, etwas Wasser zugeben, dann in die Kastenform geben und im Ofen etwa 45 Minuten backen (der Kuchen ist gar, wenn ein Messer, mit dem man hineinsticht, sauber wieder herauskommt).
Gegen Ende der Backzeit die Tomatensauce zubereiten. Dazu das Öl in einer Pfanne erhitzen und die

Zwiebel mit dem Knoblauch darin in etwa 5 Minuten weichdünsten. Die Tomaten, das Tomatenmark und Basilikum zugeben. Mit Salz und Pfeffer abschmecken, gut umrühren und schwach kochen lassen, bis der Möhrenkuchen fertiggebacken ist. Sofort servieren.

LINSEN IN TOMATENSAUCE

225 g braune oder grüne Linsen,
400 g Tomaten aus der Dose, gehackt, 600 ml Wasser, 1 Zwiebel, gehackt,
1 EL. gehackter frischer Oregano, Majoran oder Basilikum oder
1 TL. getrocknete Kräuter, Salz und
frisch gemahlener Pfeffer

4 Portionen, ballaststoffreich, fettarm, streng vegetarisch
Servieren Sie dieses Gericht heiß oder kalt, bestreut mit Majoran oder Petersilie, als Gemüsebeilage.
Die Linsen in einen Topf geben. Die Tomaten mit Saft dazugeben. Das Wasser darübergießen und Zwiebel und Kräuter zugeben. Mit Salz und Pfeffer würzen und zugedeckt zum Kochen bringen. Bei schwacher Hitze 1 - 1 1/2 Stunden kochen, bis die Linsen gar sind und die meiste Flüssigkeit verdampft ist. Die Mischung muß aber noch feucht sein. Gegen Ende der Garzeit gegentlich umrühren, damit sich die Linsen nicht ansetzen.

GRIECHISCHER REISRING

2 EL. pflanzliches Öl,
1 Zwiebel, in Streifen geschnitten, 1 Knoblauchzehe, zerdrückt,
225 g Naturreis, 750 ml Wasser, Salz, 1 grüne Paprika, entkernt und gehackt,
50 g getrocknete Aprikosen, eingeweicht und in Scheiben geschnitten,
75 g Walnußkerne, grob gehackt, 50 g schwarze Oliven, halbiert und entsteint,
frisch gemahlener schwarzer Pfeffer

4 Portionen, ballaststoffreich, streng vegetarisch
Füllen Sie die Mitte des Ringes mit knackigem Salat oder Gemüse Ihrer Wahl, z.B. Zucchini auf provenzalische Art (S. 71).
Das Öl in einem großen Topf erhitzen und die Zwiebel und den Knoblauch darin vorsichtig weichdünsten.
Das Wasser und Salz zufügen. Zum Kochen bringen und zugedeckt 20 Minuten leise kochen lassen.
Den Ofen auf 180° (Gas Stufe 4) vorheizen. Die Paprika, Aprikosen und Pflaumen unter den Reis mischen. Dann zugedeckt noch etwa 20 Minuten weiterkochen, bis der Reis gar ist und die ganze Flüssigkeit aufgesogen hat. Die Walnüsse, Oliven und Salz und Pfeffer nach Geschmack zugeben.
Die Reismischung in eine eingefettete Ringform mit 1 l Inhalt füllen und im Backofen 30 Minuten backen. Stürzen und servieren.

SPANISCHES GEMÜSEOMELETTE

2 EL. pflanzliches Öl, 4 große gekochte Kartoffeln, gewürfelt oder in Scheiben geschnitten, 2 Zwiebeln, geschält und gehackt, 1 rote Paprika, entkernt und gewürfelt oder in Streifen geschnitten, 1 grüne Paprika, entkernt und gewürfelt oder in Streifen geschnitten, 2 Zucchinis, in feine Streifen geschnitten, 2 kleine Auberginen, feingehackt, 2 - 3 Knoblauchzehen, geschält und zerdrückt, 350 g Tomaten, feingehackt, 3 Eier, Salz

4 Portionen

Das Öl in einer beschichteten Pfanne erhitzen und die Kartoffeln darin bei schwacher Hitze unter häufigem Wenden etwa 5 Minuten braten.

Die Zwiebeln, Paprika, Zucchinis und Auberginen zugeben und bei schwacher Hitze etwa 8 - 10 Minuten dünsten. Kurz bevor das Gemüse gar ist, den Knoblauch und die feingehackten Tomaten zugeben.

Die Eier mit etwas Salz schlagen und gleichmäßig über das Gemüse in der Pfanne gießen und bei schwacher Hitze backen, bis das Ei gestockt ist.

Das Omelette auf eine große Platte stürzen und in Viertel geschnitten servieren.

BRASILIANISCHER PILZTOPF

450 g kleine Champignons, geputzt, 4 Tomaten, in Scheiben geschnitten, 4 Frühlingszwiebeln, geputzt und gehackt, 1 EL. gehackter Oregano oder Majoran, 1 TL. gehacktes Basilikum, 1 TL. gehackte Rosmarinnadeln, Salz und frisch gemahlener schwarzer Pfeffer, 4 EL. trockener Weißwein oder Gemüsebrühe (S. 26), 100 g Paranüsse ohne Schale, grob geraspelt, 50 g frische Vollkornbrösel

4 Portionen, fettarm, ballaststoffreich, streng vegetarisch

Den Backofen auf 190° vorheizen (Gas Stufe 5).

Die Pilze, Tomaten und Frühlingszwiebeln schichtweise in eine feuerfeste Form füllen und jede Schicht mit den Kräutern und Salz und Pfeffer nach Geschmack bestreuen. Den Wein oder die Brühe darübergießen. Die Nüsse mit den Bröseln vermischen und über das Gericht streuen. Im Ofen 20 - 30 Minuten backen, bis die Pilze weich sind und die Oberseite gebräunt ist. Heiß servieren.

DICKE TOMATENSAUCE

1 EL. pflanzliches Öl, 1 mittlere Zwiebel, gehackt, 1 Knoblauchzehe, zerdrückt, 600 g italienische Dosentomaten, 4 EL. Tomatenmark, Salz und frisch gemahlener schwarzer Pfeffer, 1/2 Lorbeerblatt, 2 TL. gehacktes Basilikum

Menge: ca. 450 ml, fettarm, streng vegetarisch

Das Öl in einem breiten Topf erhitzen. Die Zwiebeln darin langsam weichdünsten. Sie dürfen nur hellgelb werden.

Den Knoblauch zufügen und die Tomaten mit ihrem Saft sowie das Tomatenmark zugeben.

Die Tomaten im Topf grob zerkleinern und das Salz, den Pfeffer und das Lorbeerblatt zugeben.

1 Stunde im offenen Topf bei schwacher Hitze dünsten, bis sich eine dicke Sauce gebildet hat. Gelegentlich umrühren. Erst in den letzten Minuten das gehackte Basilikum zugeben.

SOUFFLÉ MIT BOHNEN, KRÄUTERN UND TOMATEN

100 g weiße Bohnen, über Nacht in kaltem Wasser eingeweicht, 600 ml Wasser, 150 ml fettarme Milch, 1 große Zwiebel, gerieben, 4 Tomaten, enthäutet und gehackt, 1 EL. gehackte Petersilie, 1 EL. gehackter Thymian, 1 TL. gehackter Salbei, Salz und frisch gemahlener weißer Pfeffer, 4 Eier, getrennt

4 Portionen, ballaststoffreich, fettarm

Die Bohnen mit dem Einweichwasser in einen Topf geben und zum Kochen bringen. Die Hitze herunterschalten und zugedeckt etwa 1 1/2 Stunden kochen lassen, bis die Bohnen weich sind; dabei gegebenenfalls Wasser nachfüllen.

Den Backofen auf 180° vorheizen (Gas Stufe 4).

Die Bohnen abgießen, in den ausgespülten Topf zurückgeben und gründlich zerquetschen. Die Milch und die Zwiebel zugeben und unter ständigem Rühren zum Kochen bringen. 1 Minute kochen lassen.

Den Topf vom Herd nehmen, dann die Tomatenstücke und die Kräuter unterrühren. Mit Salz und Pfeffer abschmecken, das Eigelb unterrühren und etwas abkühlen lassen.

Das Eiweiß steifschlagen, dann unter die Bohnenmasse heben. Die Masse in eine Souffléform mit 1,5 l Inhalt geben. Im Backofen 1 Stunde backen, bis das Soufflé aufgegangen und etwas gebräunt ist.

SPINATSOUFFLÉ

15 g Margarine,
1 Knoblauchzehe, enthäutet, 1 kleine Zwiebel, feingehackt,
400 g frischer Blattspinat, geputzt und feingehackt, Salz, geriebene Muskatnuß,
3 Eier, getrennt, 2 EL. fettarme Milch, 1 EL. geriebener Parmesan,
1 TL. Zitronensaft

4 Portionen, ballaststoffreich
Eine Souffléform mit 1,2 l Inhalt einfetten. Den Backofen auf 200° vorheizen (Gas Stufe 6).
Die Margarine in einer feuerfesten Kasserolle zerlassen, den Knoblauch zufügen und goldbraun dünsten. Den Knoblauch herausnehmen. Dann die Zwiebel zugeben und weichdünsten. Spinat zufügen und mit Salz und Muskat abschmecken. 2 - 3 Minuten dünsten.
Das Eigelb mit der Milch verschlagen und zusammen mit dem Käse in die Spinatmischung rühren.
Das Eiweiß mit dem Zitronensaft steifschlagen, dann mit einem Metallöffel unter die Spinatmischung heben. In die Souffléform füllen und im Backofen etwa 30 Minuten backen, bis das Soufflé schön aufgegangen ist und eine goldgelbe Färbung angenommen hat.
Sofort servieren.

ÜBERBACKENER EINTOPF

450 g Kartoffeln, geschält und in dünne Scheiben geschnitten, 225 g Zwiebeln, geschält und in Streifen geschnitten, 225 g Möhren, geschabt und in Streifen geschnitten, 225 g Wasserrüben, geschält und in Scheiben geschnitten, 225 g Topinambur, geschält und in Scheiben geschnitten, 2 Selleriestangen, geputzt und in Scheiben geschnitten, 100 g ganze Erdnüsse, 100 g reifer Cheddar (oder Gouda), gerieben, 2 EL. gehackte Rosmarinnadeln, Salz und frisch gemahlener schwarzer Pfeffer, 300 ml Gemüsebrühe (S. 26)

4 Portionen, ballaststoffreich
Den Backofen auf 190 ° vorheizen (Gas Stufe 5).
Die Hälfte der Kartoffelscheiben auf dem Boden einer feuerfesten Form von 1,75 l Fassungsvermögen verteilen. Die anderen Gemüsesorten jeweils darüberschichten und jede Schicht mit den Nüssen, dem Käse, Rosmarin und Salz und Pfeffer nach Geschmack bestreuen. Etwas Käse aufbewahren.
Mit einer Schicht Kartoffelscheiben aufhören, die in Kreisen angeordnet werden, dann die Brühe darübergießen und mit dem restlichen Käse bestreuen.
Im Ofen 1 1/2 Stunden backen, bis die Oberseite gebräunt ist und das Gemüse gar ist (Probe mit einem Spieß machen).
In der Form heiß servieren.

GEMÜSEPASTETE

15 g Margarine, 1 TL. Kreuzkümmel, zerstoßen, 1 TL. Koriandérkörner, zerstoßen, 450 g kleine Möhren, geschabt und der Länge nach geviertelt, 225 g kleine Kartoffeln, geschält und gewürfelt, 1 mittelgroßer Blumenkohl, geputzt und in Röschen zerteilt, 225 g kleine weißen Rüben, geschält und gewürfelt, 225 g Zucchini, geputzt und in Scheiben geschnitten, 225 g dicke Bohnen ohne Schoten, 225 g junge grüne Bohnen, geputzt, 300 ml Wasser
Sauce: 40 g Margarine, 1 mittlere Zwiebel, gehackt, 2 Knoblauchzehen, zerdrückt, 1 EL. mittelscharfes Currypulver, 1 1/2 EL. Vollkornweizenmehl, 300 ml fettarme Milch, Salz und frisch gemahlener schwarzer Pfeffer, 2 EL. gehackte frische Petersilie, Teig: 1 Portion Vollkornmürbteig (S. 122)
Zum Glasieren: 1 verquirltes Ei

4 Portionen, ballaststoffreich
Die Margarine in einem großen Topf erhitzen und die Kümmelkörner darin rösten, bis sie zerplatzen, die verschiedenen Gemüse zugeben und dünsten, bis sie leicht ge-

bräunt sind. Das Wasser hineinrühren und zum Kochen bringen, dann zugedeckt das Gemüse bei schwacher Hitze garen. Die Kochflüssigkeit abgießen und aufbewahren.
Für die Sauce die Margarine in einem Topf zerlassen, die Zwiebel und den Knoblauch zugeben und bei mittlerer Hitze unter gelegentlichem Rühren 3 Minuten dünsten. Dann das Currypulver hineinrühren und eine weitere Minute dünsten, anschließend das Mehl zufügen und noch 1 Minute dünsten. 120 ml von der Kochbrühe zugeben und rühren. Die Milch hineingießen und rühren, bis die Sauce dick wird. Mit Salz und Pfeffer ab–schmecken. Das Gemüse und die Petersilie in die Sauce rühren und gut untermischen. Diese Masse in eine glatte Ringform mit 2 Liter Inhalt füllen und abkühlen lassen.
Den Backofen auf 200° vorheizen (Gas Stufe 6).
Den Teig auf einem leicht bemehlten Brett ausrollen. Einen passenden Streifen für den Rand der Form abschneiden. Den Rand anfeuchten und den Teigstreifen andrücken. Die Pastete mit dem restlichen Teig bedecken und am Teigstreifen am Rand der Form andrücken. Die Kanten abschneiden und mit dem Finger wellenförmig verzieren.
Die Teigdecke mit dem verquirlten Ei bestreichen. Die Form auf ein Backblech setzen und im Ofen etwa 20 - 25 Minuten backen, bis die Oberseite goldbraun ist.

PILZPASTETE

225 g Pilze, gehackt,
175 g Zwiebeln, geschält und gehackt, 25 g Margarine,
1 TL. gemischte Kräuter, 75 g Cheddar (oder mittelalter Gouda),
gerieben, 1 Ei, 100 g Vollkornbrösel, getoastet
Zum Bestreichen: 15 g Margarine

Menge: 1 Laib von 450 g, ballaststoffreich
Die Pilze mit den Zwiebeln in der Margarine glasig dünsten. Vom Feuer nehmen und die gemischten Kräuter und den geriebenen Käse zugeben. Verrühren und mit dem Ei binden.
Den Boden und die Wände einer gut eingefetteten Kastenform mit 450 g Inhalt mit den getoasteten Bröseln bestreuen. Die Pilzmischung hineingeben und die restlichen Brösel darüberstreuen und Margarineflöckchen daraufsetzen.
Im vorgeheizten Backofen bei 200° (Gas Stufe 6) 40 Minuten backen.
Herausnehmen und heiß servieren oder in Folie einwickeln, kaltstellen und mit einem Salat servieren.

GEMÜSE - BROT

15 g Margarine, 1 kleine Zwiebel, geschält und gehackt, 1 kleine Möhre, geschabt und gehackt, 1 Selleriestange, geputzt und gehackt, 2 TL. Tomatenmark, 225 g Tomaten, enthäutet und gehackt, 2 Eier, 1 TL. getrockneter Thymian, Salz und frisch gemahlener schwarzer Pfeffer, 100 g Nüsse, gehackt oder gemahlen
Zum Garnieren: Zwiebelringe, gehackte Petersilie

4 Portionen, ballaststoffreich
Eine Kastenform (20x12 cm) einfetten und den Backofen auf 220° vorheizen (Gas Stufe 7).
Die Margarine zerlassen und bei schwacher Hitze die Zwiebel-, Möhren- und Selleriestückchen weichdünsten, dann das Tomatenmark und die Tomaten zugeben und 5 Minuten dünsten.
Die Eier mit dem Thymian in eine Schüssel geben.
Mit Salz und Pfeffer würzen und kräftig schlagen. Die Nüsse unterrühren, dann die Gemüsemischung; den Teig in die Kastenform füllen.
25 - 30 Minuten im Ofen backen.
Stürzen und nach Belieben mit Zwiebelringen und gehackter Petersilie garnieren.

KÄSESOUFFLÉ

15 g Margarine, 15 g Weizenmehl, 300 ml fettarme Milch, 2 Eigelb, 75 g Cheddar (oder mittelalter Gouda), gerieben, Salz und frisch gemahlener schwarzer Pfeffer, geriebene Muskatnuß, 4 Eiweiß

3 Portionen
Eine Souffléform mit etwa 1,2 l Inhalt einfetten und den Backofen auf 190° vorheizen (Gas Stufe 5).
Die Margarine in einem Topf zerlassen, das Mehl einrühren und 1 Minute dünsten. Vom Feuer nehmen und nach und nach die Milch hineinrühren. Dann wieder auf die Herdplatte setzen und unter ständigem Rühren etwa 2 Minuten aufwallen lassen, bis die Sauce dick ist. Vom Herd nehmen und etwas abkühlen lassen. Das Eigelb und den Käse hineinschlagen und mit Salz, Pfeffer und Muskat würzen.
Das Eiweiß steifschlagen und rasch unter die Käsemischung heben. In die Souffléform geben und im Backofen 30 - 35 Minuten backen, bis das Soufflé schön aufgegangen und goldbraun ist. Sofort servieren.

SPINAT - PILZROLLE

225 g Gefrierspinat
oder 450 g frischer Spinat, 4 Eier, getrennt, Salz und
frisch gemahlener schwarzer Pfeffer, 25 g geriebener Parmesan
Füllung: 15 g Margarine, 175 g Pilze, geputzt und blättrig geschnitten,
1 EL. Vollkornweizenmehl, 150 ml fettarme Milch,
1 Prise geriebene Muskatnuß, Salz und frisch
gemahlener schwarzer Pfeffer

4 Portionen, ballaststoffreich
Ein 30 x 20 cm großes Backblech mit Pergamentpapier auslegen und leicht mit Öl bestreichen oder aus Folie eine Form mit diesen Maßen herstellen. Den Ofen auf 220° (Gas Stufe 6) erhitzen.
Den Spinat in ganz wenig Wasser weichdünsten. Gründlich abtropfen lassen und - falls frischer Spinat verwendet wird - kleinhacken und in eine große Schüssel geben. Das Eigelb zufügen und gut unter den Spinat mischen. Mit Salz und Pfeffer abschmecken.
Das Eiweiß in einer großen Schüssel fast steif schlagen. Mit einem Metallöffel rasch unter die Spinatmischung heben. Die Mischung in die vorbereitete Form geben, mit Parmesan bestreuen und im Ofen 10 Minuten backen.
Inzwischen die Füllung zubereiten. Die Margarine in einem Topf erhitzen und die Pilze darin vorsichtig weichdünsten. Das Mehl darüberstreuen und noch 1 Minute dünsten. Nach und nach die Milch zugeben und rühren, bis die Masse angedickt ist, Muskat, Salz und Pfeffer nach Geschmack zugeben.
Den gebackenen Spinatteig aus dem Ofen herausnehmen und auf einen Bogen Pergamentpapier stürzen.
Die Pilzfüllung auf der Oberfläche verteilen und das Ganze vorsichtig aufrollen. Sofort servieren.

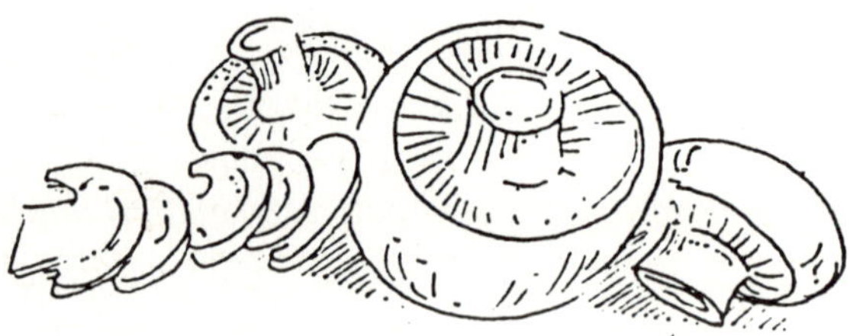

Gemüse

GEMÜSEREIS

Reis: 1 EL. pflanzliches Öl, 1 Zwiebel, geschält und gehackt, 225 g Langkornreis, 600 ml Gemüsebrühe (S. 26), 1 Zimtstange oder 1 Prise Zimt, 1 Lorbeerblatt, Salz und frisch gemahlener schwarzer Pfeffer
Gemüse: 2 EL. pflanzliches Öl, 1 Zwiebel, geschält und in Streifen geschnitten, 1 Knoblauchzehe, geschält und zerdrückt (nach Belieben), 450 g Zucchini, geputzt und in Scheiben geschnitten, 1 grüne Paprika, entkernt und gewürfelt, 100 g kleine Champignons, geputzt, 450 g Tomaten, enhäutet und grob gehackt, 1 EL. gehackte frische Kräuter (Oregano, Majoran, Basilikum und Petersilie) oder 1 TL. gemischte Trockenkräuter

4 Portionen, streng vegetarisch
Für den Reis das Öl in einem Topf erhitzen und darin die Zwiebel 5 Minuten dünsten. Den Reis zufügen und unter Rühren 1 Minute dünsten. Die Brühe dazugießen und die restlichen Zutaten zugeben. Unter gelegentlichem Umrühren zum Kochen bringen. Im zugedeckten Topf bei schwacher Hitze 15 - 20 Minuten kochen, bis der Reis gar ist und die Brühe aufgesogen hat.
Inzwischen das Gemüse zubereiten. Dazu das Öl in einer Pfanne erhitzen und die Zwiebel, den Knoblauch und die Zucchini etwa 5 Minuten dünsten, dabei gelegentlich umrühren, bis alles Gemüse leicht gebräunt ist.
Den Pfeffer und die Pilze zugeben und 2 Minuten dünsten. Dann die Tomaten mit den Kräutern, Salz und Pfeffer zugeben. 10 - 15 Minuten dünsten und dabei gelegentlich umrühren, bis die Tomaten zerfallen sind und die Zucchinischeiben gerade gar sind. Den Reis in eine vorgewärmte Schüssel geben und das Gemüse darüberhäufen.
Heiß servieren.

KARTOFFEL - PORREE - AUFLAUF

*450 g Kartoffeln,
geschält und in dünne Scheiben geschnitten,
225 g Porree, geputzt und in dünne Ringe geschnitten,
1/4 TL. geriebene Muskatnuß, Salz und frisch gemahlener
schwarzer Pfeffer, 300 ml fettarme Milch*

4 Portionen, fettarm
Den Backofen auf 190° erhitzen (Gas Stufe 5).
Die Kartoffelscheiben und den Lauch abwechselnd in eine Kasserolle mit 1,2 l Inhalt schichten. Die einzelnen Schichten mit Muskat, Salz und Pfeffer bestreuen und mit einer Schicht Kartoffelscheiben mit ein paar Porreestücken in der Mitte enden. Die Milch darübergießen und die Kasserolle mit dem Deckel zudecken. Im Ofen 1 Stunde schmoren. Den Deckel abnehmen und weitere 30 Minuten backen, bis die Kartoffeln gebräunt und gar sind und die meiste Milch aufgesogen ist. Heiß servieren.

ZUCKERERBSEN AUF FRANZÖSISCHE ART

*15 g Margarine, 1 Bund Frühlingszwiebeln
(ca. 8 Stück), geputzt und in 5 cm lange Stücke geschnitten, 500 g Zuckererbsen,
Spitze und Stielansatz entfernt, 300 ml gut gewürzte Gemüsebrühe (S. 26),
1 Bund Suppengrün, Salz, 1 EL. Maisstärke, 2 EL. Wasser,
1 fester Kopfsalat, geputzt und in Achtel zerteilt, 4 EL. fettarmer Frischkäse,
1 EL. grüner Pfeffer, abgetropft*

4 Portionen, ballaststoffreich
Wenn keine Zuckererbsen zu kaufen sind, können Sie auch frische Palerbsen verwenden.
Die Margarine in einem Topf zerlassen, die Frühlingszwiebeln zufügen und 2 Minuten dünsten, ohne daß sie braun werden.
Die Zuckererbsen, die Brühe und das Suppengrün zugeben.
Mit Salz würzen, zum Kochen bringen, dann die Hitze herunterschalten und 10 - 12 Minuten dünsten, bis die Erbsen gerade gar sind. Das Suppengrün herausnehmen. Die Maisstärke mit dem Wasser glattrühren und über die Erbsen gießen. Unter ständigem Rühren aufkochen. Die Hitze herunterschalten und 2 Minuten dünsten, dann den Salat und den Käse beifügen, 1 - 2 Minuten durchziehen lassen. Mit Pfefferkörnern je nach Geschmack würzen und sofort servieren.

ZUCCHINI AUF PROVENZALISCHE ART

450 g Zucchini, in Scheiben geschnitten,
4 Tomaten, in Scheiben geschnitten, 1 kleine Zwiebel, geschält und gerieben,
2 EL. gehackte Petersilie, 1 EL. Thymianblätter, Salz
und frisch gemahlener schwarzer Pfeffer,
5 EL. Gemüsebrühe (S. 26)

4 Portionen, streng vegetarisch fettarm

Dieses Gericht kann auch auf dem Herd gekocht werden. Die Hälfte der Petersilie aufbewahren und alle anderen Zutaten in eine große Pfanne geben. Zudecken und bei schwacher Hitze 10 Minuten unter gelegentlichem Rühren dünsten, bis alles gar ist.

Mit der aufbewahrten Petersilie garnieren. Den Backofen auf 180° vorheizen (Gas Stufe 4).

Die Zucchini- und Tomatenscheiben schichtweise in eine feuerfeste Form füllen, dabei jede Schicht mit Zwiebel, Petersilie, Thymian und Salz und Pfeffer nach Geschmack bestreuen.

Die Brühe darübergießen.

Die Form zudecken und im Ofen 30 - 40 Minuten backen, bis die Zucchini gar, aber nicht zu weich sind. Abschmecken. Mit der restlichen Petersilie bestreuen und heiß oder kalt servieren.

PORREE NICOISE

6 Porreestangen,
geputzt und gewaschen, 200 g Dosentomaten, gehackt,
1 TL. gehacktes frisches Basilikum, 1 Knoblauchzehe, geschält und zerdrückt,
Salz und frisch gemahlener schwarzer Pfeffer
zum Garnieren: gehackte Petersilie

4 Portionen, ballaststoffreich, fettarm, streng vegetarisch
Den Porree in einen hohen Topf geben. Die Tomaten mit ihrem Saft, das gehackte Basilikum und den Knoblauch zugeben. Mit Salz und Pfeffer nach Geschmack würzen. Zum Kochen bringen, die Hitze herunterschalten und zudecken.
Etwa 10 Minuten dünsten, bis der Porree gar ist, dabei gelegentlich umrühren.
Mit der gehackten Petersilie bestreuen und sofort servieren.

FENCHEL AUF GRIECHISCHE ART

2 EL. pflanzliches Öl,
2 EL. Wasser, 2 Tomaten, enthäutet und gehackt,
6 Korianderkörner, 1 Lorbeerblatt, 1 Stengel Thymian,
Salz und frisch gemahlener schwarzer Pfeffer, 3 - 4 Fenchelknollen,
geputzt und geviertelt, Saft von 1/2 Zitrone
Zum Garnieren: gehackte Petersilie

4 Portionen, streng vegetarisch
Das Öl, Wasser, die Tomaten, Korianderkörner, das Lorbeerblatt und den Thymian in einen Topf geben. Mit Salz und Pfeffer würzen. Zum Kochen bringen und 3 - 4 Minuten leise kochen lassen.
Den Fenchel in Zitronensaft wälzen und in den Topf geben. Bei schwacher Hitze vorsichtig garen. Der Fenchel sollte nicht zu weich werden. Die Fenchelstücke mit einem Schaumlöffel herausnehmen und in eine Schüssel legen.
Die Sauce bei starker Hitze sprudelnd kochen lassen, bis sie dick zu werden beginnt. Über den Fenchel gießen und abkühlen lassen.

BROKKOLI MIT MANDELN

*450 g Brokkoli, geputzt,
1 EL. pflanzliches Öl, 1 Zwiebel, geschält und in Streifen geschnitten,
1 Knoblauchzehe, geschält und zerdrückt, 50 g blanchierte Mandeln, 5 Tomaten, enthäutet und gehackt, Salz und frisch gemahlener schwarzer Pfeffer,
1 EL. gehackte Petersilie*

4 Portionen, ballaststoffreich, streng vegetarisch
Den Brokkoli in kochendem Salzwasser etwa 15 Minuten kochen, bis er gar ist.
Das Öl in einem Topf erhitzen und vorsichtig die Zwiebeln, den Knoblauch und die Mandeln dünsten, bis die Zwiebeln weich sind und die Mandeln zu bräunen beginnen. Die Mandeln herausnehmen und auf Küchenkrepp trocknen lassen.
Die Tomaten in die Zwiebeln rühren und durchziehen lassen. Mit Salz und Pfeffer abschmecken.
Den Brokkoli abtropfen lassen und in eine vorgewärmte Schüssel legen. Die Sauce löffelweise über den Brokkoli gießen und mit den gebräunten Mandeln und gehackter Petersilie bestreuen.
Heiß servieren.

CHINESISCHE GEMÜSEPFANNE

*1 EL. pflanzliches Öl, 1 große Zwiebel,
geschält und gehackt, 1 Knoblauchzehe, geschält und zerdrückt,
1 EL. geschälte und geriebene frische Ingwerwurzel, 50 g Pilze, geputzt und in Scheiben geschnitten, 450 g Zuckererbsen, geputzt,
450 g Chinakohl oder anderer Kohl, geputzt und in feine Streifen geschnitten,
100 g Bohnensprossen, 50 g Erdnüsse ohne Schale, 1 EL. Sojasauce,
5 EL. Brühe oder Wasser, Salz und frisch gemahlener schwarzer Pfeffer*

4 Portionen, ballaststoffreich, streng vegetarisch
Das Öl in einem Wok (chinesische Pfanne) oder einer großen Bratpfanne erhitzen.
Die Zwiebel, den Knoblauch, Ingwer und die Pilze hinzugeben und 3 Minuten unter ständigem Rühren rasch dünsten.
Die Zuckererbsen und den Chinakohl zugeben und weitere 2 Minuten pfannenrühren.
Die restlichen Zutaten zugeben und etwa 5 Minuten bei mittlerer Hitze rühren, bis die Gemüse gar, aber noch bißfest sind und die meiste Flüssigkeit verdampft ist. Abschmecken und sofort servieren.

CHICORÉE IN SENFSAUCE

Salz, 150 ml Wasser,
Saft von 1 Zitrone, 4 Kolben Chicorée, geputzt,
1 EL. pflanzliches Öl, 1 gestrichener EL. Vollkornweizenmehl,
150 ml Gemüsebrühe (S. 26), 2 gestrichene EL. Senf,
1 EL. gehackter Dill

4 Portionen, streng vegetarisch, fettarm
Das Wasser salzen, den Zitronensaft zufügen und aufkochen. Die Chicoréekolben ins Wasser geben, die Hitze herunterschalten und etwa 10 Minuten kochen.
Die Kochflüssigkeit abgießen und beiseitestellen.

Das Öl in einem kleinen Topf erhitzen, das Mehl hineinrühren und goldgelb dünsten. Nach und nach die aufbewahrte Kochflüssigkeit und die Brühe zugeben, dabei ständig rühren. Den Senf untermischen und unter ständigem Rühren aufkochen. Den vorgekochten Chicorée zugeben und weitere

10 Minuten bei sehr geringer Hitze dünsten, bis er gerade gar ist. Das Ganze auf einer vorgewärmten Servierplatte anordnen und mit dem gehackten Dill bestreuen. Sofort servieren.

ROSENKOHL MIT ESSKASTANIEN

1 kg Rosenkohl,
geputzt, 225 g Eßkastanien, Salz,
2 TL. pflanzliches Öl, geriebene Schale
und Saft von 1/2 Zitrone

6 Portionen, ballaststoffreich, fettarm, streng vegetarisch
Den Rosenkohl am Stielansatz kreuzweise einschneiden, damit er gleichmäßig gar wird.
Die Spitzen der Eßkastanien abschneiden. In einen Topf geben, mit kaltem Wasser bedecken und zum Kochen bringen. 3 Minuten kochen lassen, dann die Kastanien einzeln herausnehmen. Etwas abkühlen lassen und die Schalen und die Häute entfernen. Den Rosenkohl in kochendem Salzwasser 15 Minuten kochen und während der letzten 5 Minuten die Kastanien beifügen. Gut abtropfen lassen. Im selben Topf das Öl erhitzen. Die geriebene Zitronenschale und den Saft zugeben, den Kohl und die Kastanien wieder hineingeben und gründlich im Öl wenden.

ROTKOHL AUF DÄNISCHE ART

1 EL. pflanzliches Öl,
1 mittlerer Rotkohl, geputzt und fein geraspelt,
1 große Zwiebel, geschält, entkernt und in feine Streifen geschnitten,
1 EL. Kümmel, 2 EL. Weinessig, Salz und frisch gemahlener
schwarzer Pfeffer, 2 EL. Gemüsebrühe (S. 26)
Zum Garnieren: gehackte Petersilie

4 Portionen, ballaststoffreich, fettarm, streng vegetarisch
Das Öl in einem großen Topf erhitzen. Den Kohl, die Zwiebel, den Apfel, Kümmel, Essig und Salz, Pfeffer und die Brühe zugeben. Gut miteinander vermischen und mit einem Deckel verschließen.
Bei schwacher Hitze 40 - 45 Minuten kochen lassen und ab und zu umrühren oder etwas schütteln. Mit Petersilie bestreuen.

RETTICH ORIENTALISCH

*1 EL. pflanzliches Öl,
1 Zwiebel, geschält und in Streifen geschnitten,
2 EL. gehackte frische Minze, 1 TL. Kurkuma-Pulver, 1/4 TL. Chili-Pulver,
450 g weißer Rettich, geschält und in 2,5 cm große Stücke geschnitten,
Salz, 3 EL. heißes Wasser, 1 TL. Garam Masala,
1 EL. Zitronensaft*

3 Portionen, streng vegetarisch, fettarm
Das Öl in einer Pfanne erhitzen. Die Zwiebel zufügen und vorsichtig weich dünsten. Die Minze, Kurkuma- und Chilipulver zugeben. Mit Salz würzen, dann die Rettichstükke unterrühren.
Das Wasser zugeben und alles in der zugedeckten Pfanne 20 Minuten dünsten, dabei die Pfanne gelegentlich schütteln.
Mit Garam Masala und dem Zitronensaft beträufeln. Den Deckel wieder aufsetzen und weitere 10 Minuten dünsten, bis der Rettich gar ist.
Dazu Reis oder Chappatis (S. 120) servieren.
Als Gemüsebeilage verwendet reicht die Menge für 4 - 6 Personen.

KRÄUTERREIS

*100 g Langkorn-Naturreis,
Salz und frisch gemahlener schwarzer Pfeffer, 2 EL. pflanzliches Öl,
2 TL. weißer Weinessig, 1 Paar Tropfen Zitronensaft, 2 EL. gehackte Petersilie,
2 EL. gehackter Schnittlauch, 1 EL. gehackter Dill,
1 EL. gehackter Estragon*

4 Portionen, ballaststoffreich, streng vegetarisch
Dieser Kräuterreis paßt gut zu hartgekochten Eiern oder anderen vegetarischen Gerichten. Den Reis in einen Topf mit kochendem Salzwasser geben und etwa 35 - 40 Minuten kochen, bis er gar ist, dann gut abtropfen lassen. Während er noch heiß ist, mit Salz und Pfeffer würzen und das Öl, den Essig und den Zitronensaft untermischen. Wenn der Reis abgekühlt ist, die gehackten Kräuter zugeben.

Zwischen-mahlzeiten

PISSALADIERE

*175 g Vollkornweizenmehl, 1/2 TL.
gemahlener Zimt (nach Belieben), 1 Prise Salz, 75 g Margarine, 1 Eigelb
Füllung: 3 EL. pflanzliches Öl, 450 g Zwiebeln, geschält und in dünne Streifen geschnitten, 2 Knoblauchzehen, geschält und zerdrückt, 450 g Tomaten, enthäutet und gehackt, 1 Bund Suppengrün, 2 EL. Tomatenmark, frisch gemahlener schwarzer Pfeffer,
50 g entsteinte schwarze Oliven*

4 - 6 Portionen, ballaststoffreich
Das Mehl mit dem Zimt - falls verwendet - und dem Salz in eine Schüssel sieben. Die Margarine zufügen und in das Mehl kneten, bis eine streuselartige Masse entsteht. Das Eigelb unterkneten und gegebenenfalls noch etwas Wasser zufügen, um einen recht festen Teig zu erhalten.

Den Teig einige Sekunden auf einer bemehlten Arbeitsfläche glattkneten. Ausrollen und eine Tortenbodenform damit auslegen. 15 Minuten kaltstellen.

Den Backofen auf 220° vorheizen (Gas Stufe 6).

Für den Belag das Öl in einer Pfanne erhitzen, die Zwiebeln und den Knoblauch zugeben und etwa eine Minute vorsichtig dünsten. Die Tomaten, das Suppengrün und Tomatenmark hineinrühren. Mit Salz und Pfeffer würzen und die Mischung zum Kochen bringen. Die Hitze herunterschalten und im offenen Topf etwa 40 Minuten dünsten, dann das Suppengrün herausnehmen.

Den Teigboden mit Bohnenkernen belegen und im Backofen 15 Minuten blindbacken, dann die Bohnen entfernen.

Die Tomatenmasse auf den Teig verteilen, die Oliven darauf anordnen und die Form weitere 20 Minuten in den Ofen schieben. Die Oliven mit etwas Öl bestreichen, falls sie trocken werden.

GEMÜSE - TERRINE

450 g Spinat, geputzt,
4 Tomaten, in dünne Scheiben geschnitten,
450 g Kartoffeln, geschält und grob geraspelt, 100 g Pilze,
geputzt und feingehackt, 50 g Cheddar oder Gouda, gerieben,
2 EL. gemischte frische Kräuter, feingehackt, 2 Eier,
2 EL. fettarme Milch, Salz und frisch
gemahlener schwarzer Pfeffer

4 Portionen, ballaststoffreich
Wenn es gerade keinen frischen Spinat gibt, kann Gefrierspinat (225 g) verwendet werden. Nach Anweisung auf der Packung zubereiten, dann abtropfen lassen und nach dem Rezept weitermachen.
Den Spinat in sehr wenig Wasser garen. Gründlich abtropfen lassen, hacken und beiseitestellen.
Den Backofen auf 180° vorheizen (Gas Stufe 4).
Den Boden und die Seitenwände einer Souffléform mit 1 l Inhalt einfetten und mit den Tomatenscheiben bedecken. Ein paar Tomatenscheiben aufbewahren.
Die Kartoffeln mit dem Spinat, den Pilzen, der Zwiebel, dem Käse und den Kräutern vermischen, dann die Eier und die Milch hineinschlagen.
Mit Salz und Pfeffer abschmecken.
Die Masse in die vorbereitete Form gießen und die restlichen Tomatenscheiben auf der Oberseite verteilen. Mit Folie oder einem Deckel verschließen und im Ofen 1 1/2 Stunden backen. Über Nacht abkühlen lassen, dann stürzen und in Stücke schneiden.

GEMÜSE - LASAGNE

100 g grüne Lasagne,
1 EL. pflanzliches Öl, 450 g Spinat, geputzt, oder
225 g gehackter Gefrierspinat, 225 g Hüttenkäse, 100 g gehackte Walnüsse,
2 EL. geriebener Parmesan, 1 Portion dicke Tomatensauce (S. 62)
Sauce: 50 g Margarine, 50 g Vollkornweizenmehl, 600 ml fettarme Milch,
100 g Cheddar oder Gouda, gerieben, Salz und frisch
gemahlener schwarzer Pfeffer

4 - 6 Portionen, ballaststoffreich
Eine flache, rechteckige oder quadratische feuerfeste Form einfetten und den Backofen auf 200° vorheizen (Gas Stufe 6).
Die Lasagne-Platten in einem gro-

ßen Topf in kochendes Salzwasser, dem 1 Teelöffel Öl zugefügt wurde, legen und etwa 12 Minuten kochen. Herausnehmen, abtropfen lassen und die Nudelplatten einzeln beiseitelegen, damit sie nicht zusammenkleben.

Den Spinat in sehr wenig kochendem Salzwasser garen. Abtropfen lassen und feinhacken. Bei Verwendung von Gefrierspinat nach den Anweisungen auf der Packung vorgehen. Den Spinat mit dem Hüttenkäse und den Walnüssen zu einer dicken Paste vermischen.

Für die Käsesauce die Margarine in einer Pfanne zerlassen, das Mehl zugeben und 1 Minute dünsten. Vom Herd nehmen und nach und nach die Milch zufügen. Aufwallen lassen und rühren, bis die Sauce dick ist, dann den Käse und Salz und Pfeffer nach Geschmack zugeben.

Die feuerfeste Form mit der Hälfte der Lasagneplatten auslegen. Schichtweise die dicke Tomatensauce, Käsesauce, Spinatmischung und die restlichen Lasagneplatten anordnen und mit einer Schicht Käsesauce enden.

Die Oberseite mit Parmesan bestreuen und im Ofen 30 Minuten backen. Sofort servieren.

PIZZA MIT TOMATEN UND OLIVEN

1 Portion Pizzateig (S. 49)
Belag : 1 EL. pflanzliches Öl, 275 g Zwiebeln, geschält und gehackt, 350 g Tomaten, enthäutet und gehackt, 1/2 TL. Oregano, 1 EL. Tomatenmark, 50 g Cheddar, Gouda oder Emmentaler, gerieben, Salz und frisch gemahlener schwarzer Pfeffer, 15 schwarze Oliven, halbiert und entsteint

4 - 6 Portionen, ballaststoffreich
Den Teig auf einer leicht bemehlten Arbeitsfläche zu einem Fladen von 20 cm Durchmesser ausrollen und vorsichtig auf ein großes gefettetes Backblech legen. Den Backofen auf 220° vorheizen (Gas Stufe 7).
Für den Belag das Öl in einer beschichteten Pfanne erhitzen, die Zwiebeln zugeben und in 5 Minuten vorsichtig weichdünsten. Die Tomaten und den Oregano hineinrühren und 10 Minuten scharf dünsten, bis eine dicke Masse entsteht. Würzen und das Tomatenmark zufügen. Die Sauce auf dem Pizzaboden verteilen, dabei einen Rand von 1 cm freilassen. Den Käse darüberstreuen und die Olivenhälften verteilen. Im Ofen 12 Minuten backen, bis der Boden durchgebacken und der Käse goldbraun ist.

SPINATPASTETCHEN

25 g fettarme Margarine, 1 kleine Zwiebel, geschält und gehackt, 4 EL. Spinatpüree, 50 g Edamer, gerieben, 4 Eier, geschlagen, 1 Prise geriebene Muskatnuß, Salz und frisch gemahlener schwarzer Pfeffer, 300 ml fettarme Milch, 50 g frische Vollkornbrösel

4 Portionen, ballaststoffreich
Vier Pastetenförmchen leicht einfetten und den Backofen auf 180° vorheizen (Gas Stufe 4).
Die Margarine in einem Topf zerlassen und die Zwiebel darin langsam weich dünsten, dann zusammen mit dem Spinat, dem Käse und den Eiern in eine Schüssel geben. Mit Muskat, Salz und Pfeffer würzen.
Die Milch fast bis zum Kochen bringen und zusammen mit den Bröseln in die Spinatmasse schlagen. In die Pastetenförmchen gießen.
Die Förmchen in eine Schmorpfanne stellen und diese halb mit Wasser füllen. Im Ofen 30 - 35 Minuten backen, bis die Masse aufgegangen ist und sich fest anfühlt.
Heiß servieren. Abbildung rechts.

PIZZA MIT PILZEN UND PAPRIKA

1 Portion Pizzateig (S. 49),
2 EL. pflanzliches Öl, 225 g Zwiebeln, geschält und in Streifen geschnitten, 1 rote Paprika, 1 grüne Paprika, 1 Knoblauchzehe, geschält und zerdrückt, 100 g Champignons, geputzt und blättrig geschnitten, Salz und frisch gemahlener schwarzer Pfeffer, 50 g Cheddar, Gouda oder Emmentaler, gerieben

4 Portionen, ballaststoffreich
Ein großes Backblech einfetten und den Backofen auf 220° vorheizen (Gas Stufe 7).
Auf einer leicht bemehlten Arbeitsfläche den Teig zu einem Fladen von 20 cm Durchmesser ausrollen und vorsichtig auf das Backblech legen.
Das Öl in einer Pfanne erhitzen, die Zwiebeln zugeben und vorsichtig weichdünsten. Zwei oder drei Ringe von jeder Paprika abschneiden, dann den Rest entkernen und die Paprika grob hacken. Die gehackte Paprika mit dem Knoblauch und den Pilzen zu den Zwiebeln geben und weitere 5 Minuten dünsten.
Die Mischung auf den Pizzaboden streichen.
Mit Käse bestreuen, mit den Paprikaringen garnieren und im Ofen 12 Minuten backen, bis der Boden durchgebacken ist.

VOLLKORN - GEMÜSEPLÄTZCHEN

100 g Vollkornweizenmehl,
100 g Weizenmehl, Salz, 100 g Margarine, 2 - 3 EL. Wasser
Belag: 100 g dicke Bohnen ohne Schoten, 225 g weiße Rüben, geschält und gewürfelt, 225 g Möhren, geschabt und gerieben, 2 EL. gehackter frischer Schnittlauch, 2 EL. Quark, 2 EL. einfaches, ungesüßtes Joghurt, Salz und frisch gemahlener schwarzer Pfeffer,
1 verquirltes Ei zum Glasieren

4 Portionen, ballaststoffreich
Die beiden Mehlsorten und eine Prise Salz zusammen in eine Schüssel sieben. Die Margarine einarbeiten, bis eine streuselartige Masse entsteht. Gerade soviel Wasser unterkneten, daß ein ziemlich fester Teig entsteht. Den Teig auf eine bemehlte Arbeitsfläche legen und glattkneten. In Pergamentpapier einwickeln und 30 Minuten kaltstellen.
Für den Belag die Bohnen und Rüben 10 Minuten oder länger in Salz-

wasser kochen, bis sie gar sind. Gut abtropfen lassen, dann die Möhren, den Schnittlauch, den Quark und das Joghurt unterrühren.
Mit Salz und Pfeffer abschmecken und abkühlen lassen.
Den Backofen auf 220° vorheizen (Gas Stufe 6).
Auf einer bemehlten Arbeitsfläche den Teig 3 mm dick ausrollen und vier 15 cm breite Kreise ausschneiden (mit Hilfe eines passenden Tellers). Den Belag auf den Teigböden verteilen. Die Ränder anfeuchten, dann anheben, über den Belag ziehen und zusammendrücken. Mit verquirltem Ei bestreichen und in jedes Plätzchen oben ein Loch stechen, damit beim Backen Luft entweichen kann. Im Ofen 25 - 30 Minuten backen, bis sie goldbraun sind. Warm oder kalt servieren.

QUICHE MIT BRUNNENKRESSE UND FRÜHLINGSZWIEBELN

1 Portion Vollkorn-Mürbteig (S. 122)
Belag: 15 g Margarine, 8 große Frühlingszwiebeln, geputzt und gehackt, 1 großer Bund Brunnenkresse, geputzt und gehackt, 3 Eier, 150 ml fettarme Milch, 1 TL. französischer Senf, 1 Prise getrocknete, gemischte Kräuter, 50 g reifer Cheddar, Gouda oder Emmentaler, gerieben, Salz, Cayenne-Pfeffer
Zum Garnieren: einige Stengel Brunnenkresse, einige Frühlingszwiebeln, geputzt und gehackt

4 Portionen
Den Teig nach dem Rezept auf S. 122 herstellen, dann ausrollen und eine Tortenbodenform von 20 cm Durchmesser etwa 2,5 cm dick auslegen. Im Kühlschrank 30 Minuten kaltstellen.
Für den Belag die Margarine in einem Topf zerlassen, die Frühlingszwiebeln zugeben und 3 Minuten vorsichtig dünsten, ohne sie braun werden zu lassen, dann vom Herd nehmen und abkühlen lassen.
Den Backofen auf 200° vorheizen (Gas Stufe 6).
Die Eier mit der Milch, dem Senf und den Kräutern zusammen in einer Schüssel verquirlen. Den Käse hineinrühren, dann mit Salz und Cayennepfeffer abschmecken.
Den Boden und die Seiten des Teigs mit einer Gabel einstechen und im Ofen 10 Minuten blindbacken. Die Frühlingszwiebeln und Brunnenkresse auf dem Quiche-Boden verteilen, dann die Eiermilch darübergießen und 25 Minuten im Ofen backen, bis der Belag schön aufgegangen ist und eine goldbraune Färbung angenommen hat. Mit Brunnenkresse und Frühlingszwiebeln garniert servieren.

PIKANTER WEIZENBREI

100 g Weizenschrot, 1 Stunde in kaltem Wasser eingeweicht, 50 g Zwiebeln, feingehackt, 1 TL. pflanzliches Öl, 1 TL. Kreuzkümmel, 100 ml Gemüsebrühe (S. 26), 100 ml Orangensaft, 1 EL. Sherry, 25 g Sultaninen, geriebene Schale von 1/2 Orange, 25 g gehackte Walnüsse oder Erdnüsse, Salz und frisch gemahlener schwarzer Pfeffer

4 Portionen, ballaststoffreich, fettarm, streng vegetarisch
In einer beschichteten Pfanne die Zwiebeln mit dem Kreuzkümmel im Öl dünsten, bis sie leicht gebräunt sind. Dann mit der Brühe, dem Orangensaft, dem Sherry, den Sultaninen und der Orangenschale in einen großen Topf geben und zum Kochen bringen. Den Weizenschrot abtropfen lassen und zugeben. Unter gelegentlichem Rühren 2 Minuten bei schwacher Hitze kochen lassen. Die gehackten Walnüsse oder Erdnüsse zugeben, noch einmal erhitzen und sofort servieren.

SCHMORTOPF MIT AUBERGINEN

450 g Auberginen, in 1 cm dicke Scheiben geschnitten, 600 ml Gemüsebrühe (S. 26), 2 TL. pflanzliches Öl, 100 g Zwiebeln, feingehackt, 2 Knoblauchzehen, gehackt, 800 g Dosentomaten, 1/4 TL. getrockneter Oregano, 1/4 TL. getrocknetes Basilikum, Salz und frisch gemahlener schwarzer Pfeffer, 175 g Mozzarella-Käse, in Scheiben geschnitten, 25 g Cheddar oder Gouda, gerieben

4 Portionen
Die Auberginenscheiben in einen großen Topf geben, mit kochender Gemüsebrühe bedecken und 10 Minuten kochen. Abtropfen lassen.
Das Öl in einer schweren Pfanne erhitzen und die Zwiebeln und den Knoblauch darin dünsten, bis sie leicht verfärbt sind.
Die Tomaten, Kräuter und Gewürze zugeben und unter gelegentlichem Rühren etwa 30 Minuten dünsten.
Den Backofen auf 180° vorheizen (Gas Stufe 4).
Die Auberginen abwechselnd mit den Tomaten und dem Käse in eine große Schmorpfanne schichten und mit den Mozzarellascheiben bedecken.
Alles zusammen im Ofen 30 Minuten backen. Mit krausem Endiviensalat servieren.

FETTUCINE MIT ZUCCHINI UND PILZEN

1 EL. pflanzliches Öl, 1 mittlere Zwiebel, geschält und in Streifen geschnitten, 1 Knoblauchzehe, geschält und gehackt, 450 g Zucchini, geputzt und geraspelt, 225 g kleine Champignons, geputzt und blättrig geschnitten, 100 g Quark, 85 ml fettarme Milch, 450 g Fettucine (italienische Bandnudeln), 1/2 TL. geriebene Muskatnuß
Zum Garnieren: 1 EL. gehackte frische Petersilie

6 Portionen
Das Öl in einer schweren Pfanne erhitzen und die Zwiebel und den Knoblauch darin weichdünsten. Die geriebenen Zucchini und Champignons zugeben und gut untermischen. Etwa 10 Minuten unter gelegentlichem Rühren schwach dünsten.
Die Fettucine in kochendes Salz-

wasser geben und 7 Minuten kochen, bis sie gar, aber noch bißfest sind, dann abgießen.
Den Quark mit der Milch glattschlagen, dann mit dem Muskat zur Zucchinimischung geben. Mit Salz und Pfeffer abschmecken und unter die Fettucine mischen.
Mit gehackter Petersilie bestreuen und sofort servieren.

FRANZÖSISCHER BOHNENEINTOPF MIT TOMATEN

2 EL. Sesamkörner,
750 g grüne Bohnen, Spitze und Stielansatz entfernt,
250 g Zucchini, geputzt und in Scheiben geschnitten,
Salz, 15 g Margarine, 2 Zwiebeln, geschält und in Streifen geschnitten,
1 - 2 Knoblauchzehen, geschält und in Scheiben geschnitten, 500 g Tomaten, enthäutet, entkernt und gehackt,
2 Frühlingszwiebeln, geputzt und gehackt, frisch gemahlener schwarzer Pfeffer, 250 g Mozzarella-Käse, in dünne Scheiben geschnitten
Zum Garnieren: einige Stengel frische Kräuter (nach Belieben)

6 Portionen
Die Sesamkörner etwa 1 Minute trocken rösten, bis sie leicht gebräunt sind.
Die Pfanne dabei mehrmals schütteln. Beiseitestellen.
Die Bohnen und Zucchinischeiben in kochendem Salzwasser 3 Minuten blanchieren. Abtropfen lassen.
Die Margarine in einem Topf zerlassen, die Zwiebeln und den Knoblauch zugeben und in 5 Minuten vorsichtig weichdünsten. Die Tomaten hineinrühren, zum Kochen bringen und im offenen Topf etwa 15 Minuten dünsten, bis eine sämige Masse entsteht. Die Frühlingszwiebeln unterrühren, mit Salz und Pfeffer würzen und die abgetropften Bohnen und Zucchini zugeben.
Eine feuerfeste Form oder einen Alu-Behälter leicht einfetten und den Backofen auf 180° vorheizen (Gas Stufe 4).
Den Boden der Form mit einer Schicht Bohnen- und Tomatenmasse bedecken. Mit einer Schicht Käsescheiben bedecken, dann eine weitere Schicht der Gemüsemasse darauf verteilen. So weiterfahren, bis alle Zutaten aufgebraucht sind, und mit einer Lage Käse enden.
30 - 35 Minuten backen. Die Sesamkörner darüberstreuen, wieder in den Ofen schieben und weitere 5 Minuten backen. Heiß und – falls gewünscht – mit Stengeln frischer Kräuter garniert servieren.

GEFÜLLTE PILZE

*3 - 4 EL. Olivenöl,
8 Pilze mit flachem Hut (etwa 6 cm Durchmesser),
geputzt und entstielt, 350 g Tomaten, enthäutet und feingehackt,
1 Knoblauchzehe, geschält und zerdrückt, 1 Bund Frühlingszwiebeln, geputzt
und feingeschnitten, 3 EL. gehackter Schnittlauch, Salz und
frisch gemahlener schwarzer Pfeffer,
1 1/2 TL. Zitronensaft*

4 Portionen, streng vegetarisch
Den Backofen auf 180° vorheizen (Gas Stufe 4). Ein Backblech mit Öl bepinseln und die Pilze mit der Oberseite nach unten darauflegen.
Die Pilze mit etwas Öl bestreichen und im Ofen 20 Minuten backen.
Aus dem Ofen nehmen und abkühlen lassen.
Die Tomaten mit dem Knoblauch und den Frühlingszwiebeln auf ein Hackbrett legen und hacken, bis eine breiige Masse entsteht. In eine Schüssel geben, den gehackten Schnittlauch unterrühren und mit Salz und Pfeffer abschmecken.
1 Eßlöffel Olivenöl und den Zitronensaft zugeben.
Die Füllung auf die abgekühlten Pilzkappen verteilen.
Als Vorspeise oder Teil eines Gemüsebuffets servieren.

KÄSE - FONDUE MIT PILZEN

*1/2 Knoblauchzehe, geschält,
150 ml trockener Apfelwein, 1 TL. Zitronensaft, 400 g Gouda,
gerieben, 1 EL. Maisstärke, 1 1/2 EL. Gin, Whiskey, Weinbrand oder Sherry,
frisch gemahlener weißer Pfeffer, 1 Prise geriebene Muskatnuß,
100 g kleine Champignons, geputzt
und gehackt*

6 - 8 Portionen
Eine feuerfeste Form innen mit der aufgeschnittenen Knoblauchzehe ausreiben, dann etwas Knoblauch hacken und in die Form streuen.
Den Apfelwein und den Zitronensaft hineingießen.
Langsam erhitzen, bis der Apfelwein beinahe kocht.
Nach und nach den geriebenen Käse zugeben und ständig mit einer Gabel umrühren, bis der ganze Käse geschmolzen ist. Wenn die Masse aufwallt, die Maisstärke mit dem Gin oder einer der anderen Alkoholsorten glattrühren und in das Fondue einrühren.
Mit Pfeffer und Muskat abschmek-

ken, die Pilze zugeben und gründlich miteinander verrühren.
Das Fondue in der feuerfesten Form auf den Tisch bringen und eine Schüssel mit Weißbrotwürfeln dazustellen. Die Brotwürfel werden mit einer Fonduegabel aufgespießt und in das Fondue getaucht.

KÄSEBÄLLCHEN

175 g Schichtkäse,
25 g Gruyère, gerieben, 25 g Parmesan, gerieben,
1 Prise Senfpulver, Salz und frisch gemahlener schwarzer Pfeffer,
1 Prise Cayenne-Pfeffer, 4 - 6 EL. gehackte Pimpernell
oder Kerbel

4 Portionen
Den Schichtkäse glattrühren, dann die beiden geriebenen Käsesorten hineinschlagen. Eine Prise Senfpulver zugeben und mit Salz und schwarzem Pfeffer würzen. Eine Prise Cayennepfeffer unterrühren, dann zwei Stunden kaltstellen.
Den Käse zu Bällchen formen und in den gehackten Kräutern wälzen.
Auf einer kleinen flachen Platte anordnen und mit warmen Wasserbiskuits servieren.
Abbildung rechte Seite unten.

JOGHURTTUNKE MIT FRISCHEN KRÄUTERN

600 ml einfaches, ungesüßtes Joghurt, Salz und
frisch gemahlener schwarzer Pfeffer, 1/4 Knoblauchzehe,
geschält und zerdrückt, 1/2 EL. gehackter Estragon, 1/2 EL. gehackter Dill,
1/2 EL. gehackter Kerbel oder Petersilie

4 Portionen, fettarm
Einen Durchschlag oder ein Sieb mit einem Musselintuch auslegen und auf eine Schüssel stellen. Das Joghurt hineingießen und das Tuch mit einer Schnur zusammenbinden.
Aus dem Sieb heben und aufgehängt über Nacht abtropfen lassen.
Am nächsten Tag das abgetropfte Joghurt in eine Schüssel geben.
Glattschlagen und etwas Salz und Pfeffer zugeben. Den Knoblauch sowie den größten Teil der gehackten Kräuter unterrühren.
Die Masse in eine kleine Schüssel geben, mit einem Messerrücken glattstreichen und mit den restlichen Kräutern bestreuen.
Vor dem Servieren 1 - 2 Stunden kaltstellen. Abbildung rechte Seite.

BROKKOLI ÜBERBACKEN

750 ml Gemüsebrühe (S. 26),
450 g Brokkoli, in Röschen zerteilt, 1 Prise gemahlene Muskatnuß,
1 EL. gehackte Kräuter (Schnittlauch, Petersilie oder Thymian),
3 Eier, 1 EL. fettarme Milch, 1 EL. geriebener Parmesan

4 Portionen
Eine feuerfeste Schmorpfanne einfetten und den Backofen auf 200° vorheizen (Gas Stufe 6).
Die Brühe in einem großen Topf zum Kochen bringen und den Kohl mit dem Muskatpulver hineingeben. Wieder aufkochen, dann die Hitze herunterschalten und im zugedeckten Topf 10 Minuten kochen lassen. Abgießen und den Brokkoli in eine Schüssel geben. Mit den gehackten Kräutern bestreuen.
Die Eier mit der Milch und dem Parmesan schlagen und über den Brokkoli gießen. Im Ofen etwa 20 Minuten überbacken, bis die Eiermilch gestockt ist.

ITALIENISCHE BOHNENSUPPE

225 g weiße Trockenbohnen,
über Nacht in kaltem Wasser eingeweicht, 1 große Zwiebel,
geschält und gehackt, 1 Knoblauchzehe, geschält und gehackt (nach Belieben),
1 Selleriestange, geputzt und in Streifen geschnitten, 1 große Möhre,
geschabt und in Streifen geschnitten, 4 Tomaten, enthäutet und gehackt,
feingeriebene Schale und Saft von 1/2 Zitrone, 1 Lorbeerblatt,
Salz und frisch gemahlener schwarzer Pfeffer
Zum Garnieren: 2 EL. gehackte Petersilie

6 Portionen, ballaststoffreich, fettarm, streng vegetarisch
Die Bohnen abgießen und das Einweichwasser aufbewahren. Mit frischem Wasser auf 1,2 l aufgießen.
Die Bohnen mit der Flüssigkeit in einen großen Topf geben, dann alle restlichen Zutaten zufügen. Zum Kochen bringen, dann die Hitze herunterschalten und im geschlossenen Topf 1 1/2 Stunden kochen lassen, bis die Bohnen gar sind. Notfalls Wasser nachgießen. Das Lorbeerblatt herausnehmen.
Etwa die Hälfte der Bohnen und etwas von der Kochflüssigkeit in einen Mixer geben und zu einem glatten Püree verarbeiten.
Das Bohnenpüree wieder in den Topf geben und unter ständigem Rühren zum Kochen bringen. Abschmecken und noch Flüssigkeit nachgießen, wenn die Suppe zu dick ist. Nach Belieben mit Petersilie bestreuen und heiß servieren.
Abbildung rechte Seite, oben.

GESCHMORTE LINSEN NACH MITTELMEERART

*2 TL. pflanzliches Öl,
2 Zwiebeln, geschält und gehackt, 1 Knoblauchzehe,
geschält und zerdrückt, 2 Selleriestangen, geputzt und in Streifen geschnitten,
4 kleine Zucchini, geputzt und in Scheiben geschnitten, 4 Tomaten, enthäutet und
geviertelt, 900 ml Wasser oder Brühe, 1/4 TL. gemahlener Koriander,
Salz und frisch gemahlener schwarzer Pfeffer, 225 g braune Linsen
Zum Garnieren: 2 EL. gehackte Petersilie*

4 Portionen, ballaststoffreich, fettarm, streng vegetarisch
Das Öl in einem großen Topf erhitzen und vorsichtig die Zwiebeln mit dem Knoblauch, dem Sellerie und den Zucchini 10 Minuten dünsten, bis sie leicht gebräunt sind; häufig wenden. Die Tomaten,

das Wasser oder die Brühe, Koriander und Salz und Pfeffer nach Geschmack zugeben. Zum Kochen bringen und die Linsen zugeben. Zugedeckt 1 - 1 1/2 Stunden bei schwacher Hitze kochen lassen, bis die Linsen gar sind. Mit der gehackten Petersilie bestreuen und heiß servieren.

Dieses Gericht kann auch im Ofen gebacken werden. Dazu das Gemüse in einer feuerfesten Kasserolle bräunen, die restlichen Zutaten zufügen, zudecken und im vorgeheizten Ofen bei 180° (Gas Stufe 4) 1 1/2 - 2 Stunden schmoren. Mit Petersilie bestreuen und servieren.
Abbildung auf Seite 93, unten.

GRATINIERTE BOHNEN UND EIER

450 g dicke Bohnen ohne Schoten,
frisch oder tiefgefroren, Salz, 2 - 3 hartgekochte Eier, in Scheiben geschnitten,
40 g Margarine, 40 g Weizenvollkornmehl, 450 ml fettarme Milch, Cayennepfeffer
Belag: 25 g frische Vollkornbrösel, 50 g reifer Cheddar
oder Gouda, gerieben

6 Portionen, ballaststoffreich
Den Backofen auf 220° vorheizen (Gas Stufe 7).
Die Bohnen in Salzwasser weichkochen. Abtropfen lassen.
Die Bohnen und Eier schichtweise in eine feuerfeste Form geben; mit einer Schicht Bohnen beginnen und aufhören.
Die Margarine in einem Topf zerlassen und das Mehl einrühren, dann nach und nach die Milch einrühren. Zum Kochen bringen und unter ständigem Rühren 3 - 4 Minuten dünsten. Mit Salz und Cayennepfeffer würzen und über die Bohnen gießen.
Für den Belag die Brösel und den Käse über die Sauce streuen.
Im Ofen 15 Minuten überbacken, bis der Belag gebräunt und knusprig ist.

Desserts

OBSTSALAT SONNENSCHEIN

Saft von 2 großen Orangen, Saft von 1 Zitrone, 2 EL. Cointreau, Grand Marnier oder anderer Likör (nach Belieben), 225 g Stachelbeeren, geputzt und halbiert, 2 große Pfirsiche, halbiert, entsteint und in Spalten geschnitten, 2 große Bananen, geschält und in Scheiben geschnitten, 2 Passionsfrüchte oder Granatäpfel, halbiert

4 Portionen, fettarm, ballaststoffreich, streng vegetarisch
Den Orangen- und Zitronensaft in eine Servierschüssel geben, dann den Likör - falls verwendet - hineinrühren. Die Stachelbeeren zugeben. Das Fleisch der Passionsfrüchte oder Granatäpfel mit den Kernen aushöhlen. Die vorbereiteten Früchte mit den Pfirsich- und Bananenscheiben zugeben und vorsichtig unterheben.

RHABARBER -, ORANGEN - UND INGWERCREME

450 g Rhabarber, geputzt und kleingeschnitten, 1 TL. Natron, feingeriebene Schale und Saft von 1 Orange, 3 EL. brauner Zucker, 150 ml fettarme Milch, 1 Ei, leicht geschlagen, 1 EL. Maisstärke, 1/4 TL. Vanille-Essenz, 150 ml einfaches, ungesüßtes Joghurt, 1 EL. feingehackter kandierter Ingwer
Zum Garnieren: einige Orangenspalten

4 Portionen
Den Rhabarber mit dem Natron in einen Topf geben, mit Wasser bedecken und zum Kochen bringen. Das Wasser abgießen und den Rhabarber mit der Orangenschale,

dem Orangensaft und dem braunen Zucker in den inzwischen ausgespülten Topf geben. Zugedeckt 10 - 15 Minuten bei schwacher Hitze dünsten, bis der Rhabarber gar ist. Mit einem Holzlöffel zu Brei schlagen oder im Mixer pürieren. Abkühlen lassen.
Die Milch fast bis zum Siedepunkt erhitzen. Das Ei mit der Maisstärke und der Vanille-Essenz in eine Schüssel geben. Leicht schlagen, dann nach und nach die heiße Milch unterrühren.
Diese Mischung zurück in den Topf schütten und unter ständigem Rühren langsam aufkochen, bis die Creme dick wird.
Abkühlen lassen und dabei gelegentlich umrühren, damit sich keine Haut bildet, dann das Joghurt hineinschlagen. Die Creme zusammen mit dem Ingwer unter das Rhabarberpüree rühren.
In eine große Servierschüssel oder vier einzelne Schälchen oder Gläser füllen.
Im Kühlschrank kaltstellen, dann mit Orangenspalten garnieren. Gut gekühlt servieren.

APRIKOSENCREME

225 g getrocknete Aprikosen,
600 ml Wasser, feingeriebene Schale und Saft von 1 Zitrone,
150 ml einfaches, ungesüßtes Joghurt, 2 EL. Grand Marnier oder anderer Likör, 50 g brauner Zucker, 2 Eiweiß
Zum Garnieren: Zitronenscheiben oder gehackte Nüsse

6 Portionen, fettarm (ohne Nüsse), ballaststoffreich
Die Aprikosen in eine Schüssel geben, mit Wasser übergießen, dann die Zitronenschale und den Zitronensaft zugeben. Über Nacht einweichen lassen. Oder die Aprikosen mit kochendem Wasser übergießen und ein paar Stunden einweichen lassen.
In einen Topf geben und zum Kochen bringen. Die Hitze herunterschalten und im zugedeckten Topf 20 - 30 Minuten dünsten, bis die Aprikosen weich sind. Gegebenenfalls etwas Wasser nachfüllen.
Die Aprikosen in einem Mixer zu einem glatten Püree glattrühren.
Das Eiweiß gerade eben steifschlagen, dann unter die Mischung heben.
Die Creme in eine Servierschüssel oder sechs einzelne Schälchen oder Gläser füllen und im Kühlschrank mindestens 1 Stunde kaltstellen. Vor dem Servieren mit Zitronenscheiben oder gehackten Nüssen bestreuen.

ZITRONENFLAMMERI

300 ml Wasser, 25 g Margarine, geriebene Schale und Saft von 1 Zitrone, 25 g Weizenmehl, 50 g feiner Zucker, 1 Ei, getrennt

4 Portionen

Das Wasser mit der Margarine und der geriebenen Zitronenschale in eine Pfanne geben und unter Rühren zum Kochen bringen. Das Mehl in einer Schüssel mit dem Zucker vermischen. Nach und nach die heiße Flüssigkeit hineinrühren. Etwas von dieser Masse zum Eigelb geben und gründlich verquirlen, dann in die restliche Mischung gießen. Wieder in die Pfanne geben und bei schwacher Hitze 5 Minuten unter häufigem Rühren dünsten. Die Masse in eine Schüssel gießen und den Zitronensaft hineinrühren. Das Eiweiß steifschlagen und unter die Zitronensauce heben.
Heiß oder kalt mit verschiedenen Früchten servieren.

PFIRSICH IN CASSIS

300 ml Weißwein, 100 g schwarze Johannisbeeren ohne Stiele, 2 EL. Honig, 1 Zimtstange, 2 Streifen Zitronenschale, 4 - 6 Pfirsiche, geschält, aber mit Stielen, 1 TL. Pfeilwurzstärke (od. Maisstärke)

4 - 6 Portionen, ballaststoffreich, fettarm, streng vegetarisch

Den Wein in einen Topf geben, dann die Johannisbeeren, den Honig, Zimt und die Zitronenschale zugeben. Langsam erhitzen, bis sich der Honig aufgelöst hat, dann zum Kochen bringen.
1 Minute kochen lassen.
Die Pfirsiche in den Topf geben, so daß sie möglichst hoch mit Wein bedeckt sind.
Den Topf zudecken und die Pfirsiche bei schwacher Hitze etwa 20 Minuten im Wein dünsten, bis sie gar sind. Zwischendurch gelegentlich wenden.
Die Pfirsiche vorsichtig aus dem Topf heben und in eine Servierschüssel setzen. Die Zimtstange und Zitronenschale wegwerfen.
Die Stärke mit etwas kaltem Wasser glattrühren und in den Wein gießen. Aufkochen, dann bei verringerter Hitze 1 Minute aufwallen lassen, bis die Sauce angedickt ist. Dabei ständig rühren.
Die Sauce über die Pfirsiche gießen.
Heiß oder kalt servieren.

LITSCHI - UND ORANGENSALAT

6 Orangen,
300 g Litschipflaumen aus der Dose

6 - 8 Portionen, fettarm, ballaststoffreich, streng vegetarisch
Für dieses Rezept brauchen Sie zwei Plastikschüsseln: die eine mit etwa 15 cm und die andere mit 20 cm Durchmesser.
Die große Schüssel zur Hälfte mit Wasser füllen und die kleine Schüssel, mit einem Gewicht beschwert, hineinsetzen. Die innere Schüssel muß sich etwa 2,5 cm über dem Boden und 1 cm unter dem Rand der größeren Schüssel befinden.
Die Ränder mit Haftstreifen befestigen und die Schüsseln über Nacht in den Gefrierschrank stellen.
Am nächsten Tag die Orangen abschälen und in Spalten teilen. In einer Schüssel mit den Litschis und dem Litschisaft vermischen. Kühlstellen.
Die „Eis-Schüsseln" aus dem Gefrierschrank nehmen und bei Zimmertemperatur 10 - 15 Minuten stehenlassen. Nicht unter heißes oder kaltes Wasser halten, da sonst die Eisschüssel zerspringen würde.
Die Plastikschüsseln abnehmen und die „Eisschüssel" auf eine Servierschale stellen.
Den Obstsalat in die „Eisschüssel" geben und sofort servieren.

JOHANNISBEER - UND ORANGENEIS

225 g schwarze Johannisbeeren,
entstielt, feingeriebene Schale und Saft von 1 Orange,
6 - 8 Minzeblätter, 4 EL. weicher brauner Zucker,
300 ml einfaches, ungesüßtes Joghurt, 2 Eier, getrennt
Zum Garnieren: 4 - 6 kleine
Minzestengel

4 - 6 Portionen, ballaststoffreich, fettarm
Die Johannisbeeren in einen Mixer geben und einige Beeren zum Garnieren aufheben. Die Orangenschale und den Saft, die Minzeblätter, den Zucker, das Joghurt und das Eigelb zugeben und zu einem glatten Püree verarbeiten.
Das Püree in eine Schüssel geben und im Gefrierschrank oder Gefrierfach des Kühlschranks einfrieren, bis die Masse halb gefroren ist und festzuwerden beginnt.
Das Eiweiß steifschlagen und unter das Eis heben. Wieder einfrieren, bis es halbgefroren ist, dann noch einmal schlagen, damit sich keine

großen Eiskristalle bilden, und einfrieren, bis das Eis fest ist.
Vor dem Servieren bei Raumtemperatur etwa 10 Minuten oder im Kühlschrank 20 Minuten stehenlassen. In einzelne Schälchen oder Gläser füllen. Mit den aufgehobenen Johannisbeeren und den Minzezweigen garnieren und servieren.

HIMBEEREN MIT JOGHURTCREME

25 g gehobelte Mandeln,
450 g Himbeeren, gesäubert, 2 EL. Grand Marnier oder anderer Likör,
2 Eiweiß, 100 ml einfaches, ungesüßtes Joghurt, geriebene
Schale von 1/2 Zitrone, 1 EL. feiner Zucker

4 Portionen, ballaststoffreich
Die Mandeln etwa 1 Minute trocken rösten, bis sie sich leicht gebräunt haben, dabei die Pfanne mehrmals schütteln. Beiseitestellen.
Die Himbeeren in vier Gläser füllen und den Likör darüberträufeln.
Kurz vor dem Servieren das Eiweiß steifschlagen und vorsichtig zusammen mit der Zitronenschale und dem Zucker unter das Joghurt heben.
Über die Himbeeren löffeln und mit den Mandeln bestreuen.

CREME CARAMEL MIT STACHELBEEREN

600 ml fettarme Milch, 4 Eier,
geschlagen, 225 g Stachelbeeren, geputzt und halbiert
Zum Bestreuen: 50 g brauner Zucker

4 Portionen
Den Backofen auf 160° vorheizen (Gas Stufe 3).
Die Milch in einer kleinen Pfanne bei schwacher Hitze erwärmen.
Die geschlagenen Eier in die warme Milch rühren und in eine Souffléform mit 1,2 l Inhalt gießen.
Die Stachelbeeren zugeben, die Form mit Folie abdecken und in eine Schmorpfanne stellen, die halb mit Wasser gefüllt ist.
Im Ofen 1 1/2 Stunden backen, bis die Creme erstarrt ist.
Vollkommen abkühlen lassen.
Mit dem braunen Zucker bestreuen und bei Oberhitze in den Ofen oder unter einen heißen Grill schieben, bis der Zucker karamelisiert ist.
Sofort servieren.

JOHANNISBEERSCHNEE MIT MINZE

2 Eiweiß, 300 ml einfaches, ungesüßtes Joghurt, 2 EL. feiner Zucker, 450 g rote Johannisbeeren, gewaschen und entstielt, 2 EL. gehackte Minze

4 Portionen, ballaststoffreich, fettarm

Das Eiweiß sehr steif schlagen. Das Joghurt glattrühren. Das Eiweiß mit dem Joghurt vermengen und den Zucker einrühren. Die roten Johannisbeeren unterheben, die gehackte Minze zugeben und bald nach der Zubereitung servieren.

Abwandlung:
Statt roter Johannisbeeren können Blaubeeren verwendet werden.

KOMPOTT AUS TROCKENOBST

450 g gemischte Trockenfrüchte
(Äpfel, Aprikosen, Feigen, Pfirsiche, Birnen, Pflaumen, Sultaninen)
300 ml Orangensaft, 300 ml Wasser, 1 Zimtstange,
2 Nelken, 50 g blanchierte Mandelsplitter

4 - 6 Portionen, fettarm, ballaststoffreich, streng vegetarisch
Das Trockenobst in eine Schüssel geben und mit dem Orangensaft und mit dem Wasser übergießen. Die Gewürze zugeben und über Nacht einweichen lassen. Oder den Saft mit dem Wasser aufkochen, über das Obst gießen und ein paar Stunden weichen lassen. In einen Topf schütten und zum Kochen bringen. Die Hitze herunterschalten und zugedeckt etwa 20 Minuten dünsten, bis die Früchte gar sind. Gegebenenfalls noch etwas Wasser zugeben, falls die ganze Flüssigkeit aufgesogen wird. Mit den blanchierten Mandelsplittern bestreuen und warm oder kalt servieren.

GEFRORENE MANDELCREME

2 Eier, getrennt,
50 g brauner Zucker, 50 g gehackte Mandeln, geröstet,
300 ml einfaches, ungesüßtes Joghurt, 2 EL. Grand Marnier oder anderer Likör
Zum Garnieren: 25 g geröstete Mandelsplitter

6 Portionen
Das Eiweiß mit dem Zucker schaumig schlagen. Die gehackten Mandeln, das Joghurt und den Likör hineinrühren. Das Eiweiß eben steifschlagen, dann unter die Mandelmasse heben. In sechs kleine Pastetenförmchen gießen und in den Gefrierschrank stellen, bis die Masse fest geworden ist. Zum Servieren aus dem Gefrierschrank nehmen und 15 Minuten bei Zimmertemperatur oder 30 Minuten im Kühlschrank stehenlassen. Vor dem Servieren mit Mandelsplittern bestreuen.

ANANAS - SORBET

1 Ananas zu 1,5 kg,
feingeriebene Schale und Saft einer großen Zitrone,
Zucker nach Geschmack, 2 Eiweiß

6 - 8 Portionen, fettarm
Die Ananas der Länge nach halbieren und die grünen Blätter dranlassen. Das Fruchtfleisch herauslösen und das Mark entfernen. Die Ananasschalen zum Servieren aufheben. Als Alternative von der Ananas einen Deckel abschneiden und aushöhlen.
Das Ananasfleisch mit der Zitronenschale und dem Zitronensaft im Mixer zu einem Püree verarbeiten. Nach Geschmack zuckern. Das Püree in eine Schüssel geben, dann in den Gefrierschrank oder das Gefrierfach des Kühlschranks stellen und einfrieren, bis es halb gefroren ist und zu erstarren beginnt. Das Eiweiß steifschlagen. Die halbgefrorene Masse schlagen, um die Eiskristalle zu zerkleinern, dann unter den Eischnee heben. Diese Mischung in die Ananashälften füllen und wieder in den Gefrierschrank oder das Gefrierfach stellen. Wenn noch etwas übrigbleibt, kann es in einem getrennten Behälter eingefroren werden.
Vor dem Servieren das Sorbet bei Zimmertemperatur 10 - 15 Minuten (oder im Kühlschrank 20 Minuten) stehenlassen.

SCHWARZER BIRNENPUDDING

4 Birnen, entkernt und in Scheiben geschnitten,
100 g Brombeeren, gesäubert, 75 g brauner Zucker, 50 g Margarine,
1 großes Ei, geschlagen, 100 g Vollkornweizenmehl, 1 TL. Zimt,
2 TL. Backpulver, 1 EL. fettarme Milch

4 Portionen, ballaststoffreich
Den Backofen auf 180° vorheizen (Gas Stufe 4).
Die Birnen und Brombeeren in eine feuerfeste Auflaufform mit ca. 1 l Inhalt geben. Mit der Zitronenschale und 2 Eßlöffeln Zucker bestreuen und dem Zitronensaft beträufeln. Die Margarine und den restlichen Zucker schaumig rühren. Das Ei mit ein wenig Vollkornmehl und dem Zimt hineinschlagen.
Das restliche Mehl und das Backpulver sowie die Milch unterheben, so daß ein weicher Teig entsteht. Diese Masse über das Obst streichen und die Oberfläche glätten. Im Ofen 45 Minuten backen, bis der Belag aufgegangen und gebräunt ist.
Heiß servieren.

KIRSCHAUFLAUF

350 g Kirschen, entsteint,
50 g Margarine, 25 g feiner Zucker, feingeriebene Schale
und Saft von 1 großen Zitrone, 2 Eier, getrennt, 300 ml fettarme Milch,
50 g Vollkornweizenmehl, 1/2 TL. Backpulver,
1/2 TL. Zimt

4 Portionen, ballaststoffreich
Den Backofen auf 180° vorheizen (Gas Stufe 4).
Die Kirschen in eine eingefettete Auflaufform geben.
Die Margarine mit dem Zucker und der Zitronenschale schaumig rühren. Nach und nach das Eigelb hineinschlagen, dann die Milch, den Zitronensaft, das Mehl, Backpulver und den Zimt hineinrühren, so daß eine lockere, cremige Masse entsteht. Das Eiweiß steifschlagen, unter die Masse heben und auf den Kirschen verteilen.
Die Form in einen Bratentopf setzen, der zur Hälfte mit heißem Wasser gefüllt ist.
Im Ofen 40 - 45 Minuten backen, bis die Oberseite fest ist und eine goldgelbe Farbe angenommen hat. Heiß servieren.

GERANIEN - SORBET

12 Duftgeranienblätter, 75 g feiner Zucker,
300 ml Wasser, Saft von einer Zitrone, 1 Eiweiß,
Zum Garnieren: 4 kleine Geranienblättchen

4 Portionen, fettarm
Die Geranienblätter waschen und trockenschütteln. Den Zucker mit dem Wasser in einen Topf geben und kochen, bis sich der Zucker aufgelöst hat. Die Blätter dazugeben, den Topf zudecken und vom Feuer nehmen. 20 Minuten stehenlassen, dann probieren.
Wenn das Aroma zu schwach ist, die Flüssigkeit noch einmal aufkochen, die Hitze abschalten, den Topf zudecken und noch einmal 10 Minuten stehenlassen.
Wenn sich ausreichend Aroma entwickelt hat, den Sirup in ein festes Gefäß durchseihen, den Zitronensaft zugeben und abkühlen lassen.
Etwa 45 Minuten bis 1 Stunde in den Gefrierschrank stellen, bis die Masse halb gefroren ist, dann das steifgeschlagene Eiweiß unterheben.
Weiter zu einem festen Mus frieren, was etwa eine Stunde dauert. In vier Gläsern servieren, die jeweils mit einem kleinen Geranienblatt garniert werden.

SOMMERPUDDING

750 g gemischte Beeren
(schwarze und rote Johannisbeeren, Blaubeeren, Erdbeeren, Himbeeren),
150 ml Wasser, 50 g feiner Zucker, 8 Scheiben altbackenes Vollkornbrot ohne Kruste
Zum Garnieren: 150 ml einfaches, ungesüßtes Joghurt
(nach Belieben)

6 Portionen, fettarm, ballaststoffreich, streng vegetarisch (wenn Joghurt weggelassen wird)
Die Beeren mit dem Wasser und dem Zucker zusammen in einen schweren Topf geben und 10 Minuten leise kochen lassen. Erdbeeren und Himbeeren erst zum Schluß zugeben, damit sie nicht zerfallen.
Die Beeren in ein Sieb schütten und die Kochflüssigkeit aufbewahren.
Mit einer runden Brotscheibe den Boden einer Puddingform von ca. 1 l Inhalt auslegen. Das restliche Brot so zuschneiden, daß damit die Wände der Form belegt werden können. Kleine Reststücke aufheben, um damit eventuelle Lücken auszufüllen. Alle Brotstücke in den Kochsaft tauchen und dann die Form damit auslegen. Mit der Hälfte der Beeren füllen, eine Schicht Brotscheiben darüberlegen, dann den Rest der Beeren daraufschichten und mit einer weiteren Schicht Brot enden. Den restlichen Saft darüberträufeln. Einen Teller, der gerade den Innendurchmesser der Form ausfüllt, auf den Pudding legen und mehrere schwere Gewichte darauflegen. Über Nacht kaltstellen.
Ein Sieb mit einem Musselintuch auslegen und auf eine Schüssel stellen. Das Joghurt hineingeben und 3 Stunden abtropfen lassen, bis die meiste Flüssigkeit abgetropft ist und das Joghurt eine glatte, cremige Konsistenz hat.
Zum Servieren den Pudding auf eine Schale stürzen und nach Belieben mit dem Joghurt übergießen.
Abwandlung:
Die Zusammensetzung der Beeren kann verändert werden. So können Sie einen „Frühlingspudding" herstellen, indem Sie zarte, gedämpfte Rhabarberstücke und Erdbeeren zugeben, oder den Anteil an Blaubeeren erhöhen und gedünstete Apfelstücke zugeben, um einen „Herbstpudding" zu erhalten.

Gebäck

BANANENKUCHEN

100 g Weizenvollkornmehl, 1 TL. Backpulver, 100 g Margarine, 50 g Rohzucker, 2 Eier, verquirlt, 2 reife Bananen, geschält und zerquetscht, 1/2 TL. Backpulver, Puderzucker zum Bestreuen
Füllung: 225 g fettarmer Quark, 1/2 TL. Zitronensaft, etwa 1 EL. Honig, 1 große Banane, geschält und in Scheiben geschnitten

Menge: runder Kuchen mit 20 cm Durchmesser, ballaststoffreich
Den Backofen auf 180° vorheizen (Gas Stufe 4). Zwei runde Kuchenformen mit 20 cm Durchmesser mit Pergamentpapier auslegen.
Das Pergamentpapier einfetten.
Das Mehl mit dem Backpulver in eine Schüssel sieben und die im Sieb gebliebene Kleie zugeben. Beiseitestellen. In einer anderen Schüssel die Margarine mit dem Zucker schaumig schlagen. Die Eier in kleinen Portionen zugeben und nach jeder Zugabe 1 EL. Mehl hineinrühren. Das restliche Mehl mit einem Metallöffel unterheben. Die zerquetschten Bananen mit dem halben TL. Backpulver vermischen, dann unter den Teig ziehen. Gründlich verrühren, doch nicht schlagen, da dann die im Teig bereits vorhandene Luft entweichen würde und der Kuchen Risse bekäme.
Den Teig auf die beiden Kuchenformen aufteilen und glattstreichen. Im vorgeheizten Ofen 30 - 40 Minuten backen, bis die Kuchen auf Druck elastisch reagieren. Auf einem Gitterrost abkühlen lassen.
Für die Füllung den Quark mit dem Zitronensaft und dem Honig schlagen. Mit dem anderen Boden zudecken und leicht mit gesiebtem Puderzucker bestreuen.
Wenn Sie den Kuchen im voraus zubereiten und füllen wollen, müssen Sie ihn im Kühlschrank aufbewahren oder den Teig vorbacken, in einem luftdichten Behälter aufheben und bei Bedarf mit der Quarkmischung und den Bananenscheiben füllen.

STACHELBEERSTREUSEL

450 g Stachelbeeren,
geputzt, 2 EL. feiner Zucker, Saft von 1 Orange,
Streusel: 100 g Vollkornmehl oder Haferflocken, 50 g Margarine,
50 g brauner Zucker, feingeriebene Schale von 1 Orange

4 Portionen, ballaststoffreich, streng vegetarisch
Den Backofen auf 220° vorheizen (Gas Stufe 6).
Die Stachelbeeren in eine Auflaufform mit ca. 1 l Inhalt geben. Mit dem Zucker bestreuen und dem Orangensaft beträufeln.
Für den Streusel das Mehl in eine Schüssel geben und mit der Margarine, dem braunen Zucker und der übrigbehaltenen Orangenschale zu Streusel verarbeiten und über die Stachelbeeren geben, so daß sie vollständig bedeckt sind.
30 Minuten im Ofen backen, bis die Streusel knusprig und braun sind. Heiß servieren.

PFLAUMEN - ORANGEN - COBBLER

450 g Pflaumen, Saft von 2 Orangen,
1 Orange, geschält und in Spalten zerteilt, 2 EL. feiner Zucker
Teig: 225 g Vollkornweizenmehl, 1 TL. Mischgewürz, 2 TL. Backpulver,
1/2 TL. Salz, 25 g Margarine, 25 g brauner Zucker, feingeriebene Schale von
1 Orange, 150 g einfaches, ungesüßtes Joghurt oder fettarme Milch,
Milch oder verquirltes Ei zum Bestreichen

4 Portionen, ballaststoffreich, fettarm
Den Backofen auf 220° vorheizen (Gas Stufe 7).
Die Pflaumen in eine Backform geben. Den Orangensaft und die Orangenspalten zugeben und mit Zucker bestreuen.
Für den Teig das Mehl, die Gewürze, Backpulver und Salz in eine Schüssel geben und gut vermischen. Die Margarine einarbeiten, dann den Zucker und die Orangenschale zugeben. Das Joghurt oder die Milch zugeben und zu einem weichen Teig verarbeiten.
Den Teig auf eine leicht bemehlte Arbeitsfläche legen und etwa 1 cm dick ausrollen. Mit einem Teigausstecher 8 - 10 Kreise mit 4 cm Durchmesser ausstechen und überlappend um den Rand der Form herum legen. Mit etwas Milch oder verquirltem Ei bestreichen.
Im Ofen etwa 15 Minuten backen, bis der Teig aufgegangen und gebräunt ist und die Pflaumen gerade eben gar sind. Heiß servieren.

BROMBEER - APFEL - COBBLER

*750 g Kochäpfel,
geschält, entkernt und in Scheiben geschnitten,
1 - 2 EL. granulierter Zucker, 4 EL. Wasser, 225 g Brombeeren, gesäubert,
Teig: 225 g Vollkornweizenmehl, 1 Prise Salz, 2 TL. Backpulver,
25 g Margarine, 25 g feiner Zucker, 150 ml fettarme Milch,
etwas Milch zum Bestreichen*

4 Portionen, fettarm, ballaststoffreich

Den Backofen auf 220° (Gas Stufe 7) erhitzen und einen Rost in der oberen Hälfte einschieben.

Die Äpfel mit dem Zucker und dem Wasser in einen Topf geben. Weichdünsten, dann die Brombeeren hineingeben und weitere 3 Minuten dünsten. Das Obst in eine feuerfeste Form mit 1,2 l Inhalt geben.

Für den Teig das Mehl mit dem Backpulver und dem Salz in eine Schüssel geben und die Margarine einarbeiten, bis eine feinkrümelige

Masse entsteht. Den Zucker und soviel Milch hineinrühren, daß der Teig glatt wird. (Er sollte nicht zu feucht sein.)
Den Teig auf ein leicht bemehltes Brett legen und 1 cm dick ausrollen. Mit einem 4 cm breiten, gewellten Ausstecher Kreise ausstechen. Diese Teigkreise überlappend um den Rand der Form auf das Obst legen und mit etwas Milch bestreichen.
Im Backofen 10 - 15 Minuten bakken, bis der Teig eine goldbraune Färbung bekommt.
Abwandlung:
Probieren Sie das Rezept mit eingemachten Früchten wie Pflaumen, Stachelbeeren, Himbeeren und Äpfeln oder mit Aprikosen.

VOLLKORN - SIRUP - SCONES

100 g Weizenmehl, 100 g Weizenvollkornmehl, 25 g feiner Zucker, 1/2 TL. Weinstein, 1/2 TL. Natron, 1 TL. Backgewürz, 50 g Margarine, 2 EL. Zuckerrübensirup, erwärmt, 7 EL. fettarme Milch

Menge: 10 - 12 Scones
Den Backofen auf 190° vorheizen (Gas Stufe 5).
Die trockenen Zutaten in eine Schüssel geben und gründlich miteinander vermischen. Die Margarine einarbeiten, dann den warmen Sirup und die Milch hineinrühren. Den Teig auf eine bemehlte Arbeitsfläche legen und leicht durchkneten. Vorsichtig etwa 1 cm dick ausrollen und etwa 10 Kreise mit 5 cm Durchmesser ausstechen.
Die Brötchen auf ein gefettetes und bemehltes Backblech setzen und mit der restlichen Milch bestreichen. 20 Minuten im Ofen backen. Diese Brötchen frisch servieren.

STRUDELTEIG

225 g Weizenmehl, 1/2 TL. Salz, 1 großes Ei, leicht verquirlt, 2 EL. pflanzliches Öl, 3 EL. lauwarmes Wasser

Menge: 225 g Teig, fettarm
Das Mehl zusammen mit dem Salz sieben. In die Mitte eine Mulde drücken und das Ei und das Öl hineingeben. Nach und nach mit einer Gabel das Wasser hineinrüh-

ren, so daß sich ein weicher, klebriger Teig ergibt. Den Teig solange bearbeiten, bis er sich von der Schüsselwand löst, dann auf eine leicht bemehlte Arbeitsfläche legen und etwa 15 Minuten kneten, bis er glatt und elastisch ist.
Zu einer Kugel formen, in eine Schüssel legen und mit einem warmen Tuch bedeckt 1 Stunde ruhen lassen.
Das Rollholz anwärmen und ein großes sauberes Küchentuch mit Mehl bestreuen. Den Teigballen auf das Tuch legen und zu einem möglichst dünnen Rechteck ausrollen. Zwischendurch immer wieder hochnehmen und umdrehen, damit er nicht am Tuch kleben bleibt.
Den Teig auf den Handrücken hochnehmen und von der Mitte nach außen vorsichtig auseinanderziehen, bis er papierdünn ist - man sollte durch den Teig hindurch etwas lesen können; dieses Ziel zu erreichen dürfte jedoch jahrelange Praxis und Geduld erfordern.
Vor der Weiterverwendung den Teig 15 Minuten ruhen lassen.

APFELSTRUDEL

75 g Strudelteig (S. 110)
oder Filloteig, ausreichend für zwei 25 cm breite Quadrate
Füllung: 275 g Kochäpfel, geschält, entkernt und grob geraspelt,
25 g Rosinen, 25 g Korinthen, 25 g feiner Zucker, 1/4 TL. Zimt,
2 TL. feingeriebene Zitronenschale, 1 TL. pflanzliches Öl
Zum Bestreuen: Puderzucker, gesiebt

4 Portionen, fettarm
Ein Rollholz erwärmen und ein großes sauberes Küchentuch bemehlen. Nach den Anweisungen auf S. 110 den Teig auf dem Tuch ausrollen, dann mit einem feuchten Tuch bedecken und 15 Minuten ruhenlassen. Alle Zutaten für die Füllung vermischen und bis 2,5 cm zum Rand hin auf dem Teig verteilen. Die Ränder mit etwas Wasser bestreichen. Die beiden Tuchzipfel, die Ihnen am nächsten sind, hochheben und den Teig von Ihnen weg aufrollen. Die Ränder fest andrükken. Den Strudel auf ein gefettetes Backblech legen und zu einem Hufeisen formen. Mit Öl bepinseln und im Backofen bei 200° (Gas Stufe 6) etwa 20 Minuten backen, dann die Temperatur auf 180° (Gas Stufe 4) herunterschalten und weitere 30 Minuten backen. Warm oder kalt servieren.
Mit Puderzucker bestäuben, in Stücke schneiden und nach Belieben mit einfachem, ungesüßtem Joghurt servieren.

KÄSEKUCHEN

75 g Strudelteig (S. 110), 2 TL. Öl
Belag: 175 g Quark oder durchpassierter Hüttenkäse,
1 Ei, getrennt, 1 TL. Zitronensaft, 50 g feiner Zucker, 1 1/2 EL. Weizenmehl,
2 EL. einfaches, ungesüßtes Joghurt, 50 g Sultaninen,
Puderzucker

6 Portionen, fettarm
Den Ofen auf 160° vorheizen (Gas Stufe 3). Drei 25 cm breite Quadrate aus dem Strudelteig schneiden und leicht mit Öl bepinseln. Gleichmäßig auf Boden und Seitenwände einer eingeölten Tortenform von 18 - 20 cm Durchmesser drücken. Den überstehenden Teig abschneiden und damit den Rand vervollständigen. Reichlich mit dem restlichen Öl bestreichen.
Den Quark in einer großen Rührschüssel glattrühren. Das Eigelb, den Zitronensaft, Zucker, Mehl und Joghurt hineinrühren und die Sultaninen unterheben.
Das Eiweiß steifschlagen. Vorsichtig, aber gründlich unter den Quark heben.
Den Belag gleichmäßig auf dem Teig verteilen und die Oberfläche glattstreichen.
Im Backofen 30 - 40 Minuten backen, bis sich der Quark fest, aber noch elastisch anfühlt.
Mit etwas Puderzucker bestreuen und sofort servieren.

HIMBEER - APFELTORTE MIT NÜSSEN

Tortenboden: 4 Eier, getrennt,
100 g brauner Zucker, 100 g Haselnußkerne, grob gemahlen
Füllung: 450 g Tafeläpfel, geschält, entkernt und feingeschnitten,
feingeriebene Schale und Saft von 1/2 Zitrone, 225 g Himbeeren, gesäubert
Zum Garnieren: 150 ml einfaches, ungesüßtes Joghurt,
ein paar Haselnüsse, ein paar Himbeeren
(nach Belieben)

6 - 8 Portionen, ballaststoffreich
Den Backofen auf 180° vorheizen.
Für den Tortenboden das Eigelb mit dem Zucker cremig schlagen.
Das Eiweiß steifschlagen.
Die gemahlenen Haselnüsse und den Eischnee vorsichtig unter die Eigelbmasse heben. Zwei Springformen von je 23 cm Durchmesser einfetten und mit Pergamentpapier auslegen.
Die Teigmischung gleichmäßig auf die beiden Formen aufteilen.
Im Ofen 30 Minuten backen, bis der

Teig schön aufgegangen ist und sich fest anfühlt. In den Formen abkühlen lassen.
Für die Füllung die feingeschnittenen Äpfel mit der Zitronenschale und dem Zitronensaft sowie den Himbeeren in einen Topf geben und in 10 - 15 Minuten zu einem weichen Brei kochen. Gelegentlich dabei umrühren. Vom Herd nehmen und glattschlagen oder durch ein Sieb passieren. Abkühlen lassen.
Inzwischen ein Sieb auf eine Schüssel stellen und mit einem Musselintuch auslegen.
Das Joghurt hineingeben und etwa 3 Stunden abtropfen lassen, bis es glatt und cremig ist.
Die abgekühlten Tortenböden vorsichtig aus den Formen nehmen und das Papier abziehen. Einen Boden auf eine Tortenplatte legen und mit der Füllung bestreichen. Mit dem anderen Boden bedecken, dann mit dem Spritzbeutel Rosetten aus Joghurt auf die Oberseite spritzen. Mit den ganzen Haselnüssen garnieren. (Die Torte kann auch mit Puderzucker bestäubt und mit Himbeeren oder Himbeerblättern garniert werden.)

VOLLKORN - WINDBEUTEL

150 ml Wasser,
40 g Margarine, 65 g Vollkornweizenmehl, 2 kleine Eier
Füllung und Sauce: 2 EL. Maisstärke, 4 EL. Kakaopulver, 450 ml fettarme Milch,
2 TL. Zucker oder, nach Geschmack, 2 TL. löslichen Kaffee,
1 Ei, geschlagen

Menge: 24 Windbeutel
Die Windbeutel können 1 - 2 Tage im voraus hergestellt und in einer luftdicht verschlossenen Dose aufbewahrt werden. Sie können gegebenenfalls vor der Verwendung auf einem Backblech im vorgeheizten Ofen bei 180° etwa 5 Minuten aufgebacken werden. Vor dem Füllen auf einem Drahtrost abkühlen lassen.
Das Wasser mit der Margarine in einen Topf geben und langsam erhitzen, bis die Margarine geschmolzen ist. Sprudelnd aufkochen lassen, vom Herd nehmen und sofort das ganze Mehl hineinrühren.
Kräftig mit dem Holzlöffel schlagen, bis der Teig eine Kugel bildet und sich von der Topfwand löst.
Den Teig etwas abkühlen lassen, dann die Eier in kleinen Portionen hineinschlagen, bis der Teig glänzend und geschmeidig ist. In einen Spritzbeutel mit einer runden, 1,25 cm breiten Öffnung füllen und etwa 24 kleine Häufchen auf ein leicht gefettetes Backblech setzen.

Zwischen den Häufchen Abstand lassen, da sie sich beim Backen ausdehnen. In der oberen Hälfte des Backofens bei 220° (Gas Stufe 7) 15 - 20 Minuten backen.
Für die Füllung und die Sauce die Maisstärke und den Kakao mit einem Viertel der Milch schaumig rühren. Die restliche Milch mit dem Zucker erhitzen. Die heiße Milch über die Zutaten in der Schüssel gießen und in den Topf zurückgeben. Unter ständigem Rühren zum Kochen bringen. Die Hitze herunterschalten und noch ein paar Minuten kochen lassen.
Die Mischung in zwei Hälften aufteilen. In eine Hälfte das Kaffeepulver streuen und warmhalten. Zu der anderen Hälfte das Ei zugeben und bei schwacher Hitze rühren, bis die Masse dick wird. Nicht zu stark erhitzen. Abkühlen lassen.
Die Windbeutel mit der kalten Eiscreme füllen.
In einer Schüssel anrichten und mit der warmen Kaffee-Schokoladensauce begießen.

ORANGEN - MÖHRENKUCHEN MIT NÜSSEN

100 g Margarine,
100 g feiner Zucker, 1 TL. Zimt, 1 TL. geriebene Orangenschale,
2 Eier, leicht verquirlt, 75 g rohe Möhren, feingerieben, 50 g Walnußkerne,
feingehackt, 1 EL. Orangensaft, 225 g Weizenvollkornmehl,
3 TL. Backpulver

Menge: 1 runder Kuchen mit 20 cm Durchmesser, ballaststoffreich
Dieser Kuchen gewinnt an Aroma, wenn man ihn vor dem Anschneiden mindestens einen Tag stehen läßt. Den Backofen auf 180° vorheizen (Gas Stufe 4).
Eine runde Kuchenform mit 20 cm Durchmesser einfetten, mit Pergamentpapier auslegen und das Papier einfetten. Die Margarine mit dem Zucker schäumig schlagen. Den Zimt und die Orangenschale hineinrühren. Nach und nach die Eier zugeben und nach jeder Zugabe kräftig schlagen. Die geriebene Möhre, die gehackten Nüsse und den Orangensaft hineinrühren. Das Mehl mit dem Backpulver sieben und unter die cremige Masse heben.
Den Teig in die vorbereitete Form geben und die Oberfläche glattstreichen. Im Ofen 45 - 55 Minuten backen, bis die Mitte des Kuchens auf einen leichten Druck mit der Fingerspitze elastisch reagiert. Aus der Form nehmen und auf einem Gitterrost abkühlen lassen.

GRAUBROT ODER WEISSBROT, GRUNDREZEPT

15 g Trockenhefe,
2 EL. brauner Zucker, 900 ml Wasser, auf 50 ° erhitzt,
1 EL. Salz, 1,5 kg Vollkornweizenmehl, 25 g Margarine,
1 Ei, mit 1 Prise Salz verquirlt

Menge: 1 Brot von 1 kg und 2 Brote von je 450 g oder 1 Brot von 1 kg und etwa 40 Brötchen, fettarm

Anstelle von Trockenhefe kann frische Hefe verwendet werden: 25 g frische Hefe entsprechen 15 g Trockenhefe. Frische Hefe in der Flüssigkeit auflösen, dann wird kein Zucker gebraucht. Die Flüssigkeit muß eine Temperatur von 50° haben; wenn sie zu kühl ist, geht der Teig nicht richtig auf.

Die Trockenhefe mit 1 Teelöffel Zucker in eine kleine Schüssel geben und 300 ml Wasser hineinquirlen. 10 - 15 Minuten an einem warmen Ort stehenlassen, bis die Oberfläche mit Blasen bedeckt ist.

Das Salz und den restlichen Zucker in das übrige Wasser geben. Dann kann nach einer der beiden folgenden Methoden verfahren werden:

1) Das Mehl in eine große Schüssel geben und die Margarine einarbeiten. Das Wasser mit dem Salz in die Hefeflüssigkeit hineingießen. Mehl und Flüssigkeit mit den Fingerspitzen rasch zu einem Teig verarbeiten. Falls er zu trocken erscheint, noch etwas Wasser zugeben. 5 Minuten kneten, bis er geschmeidig ist.

2) Bei Verwendung eines elektrischen Rührgeräts das Mehl mit der Margarine, dem Salz, dem Wasser und der Hefeflüssigkeit in die Rührschüssel geben. Mit dem Knethaken bei mittlerer Geschwindigkeit verrühren, dann noch 2 Minuten weiterkneten.

Den Teig in eine eingefettete Schüssel legen und mit einem feuchten Tuch bedecken. 45 Minuten an einem warmen Ort gehenlassen. Der Teig sollte sich im Umfang verdoppeln. Den aufgegangenen Teig auf eine bemehlte Arbeitsfläche legen und mit so wenig zusätzlichem Mehl wie nötig noch einmal leicht durchkneten. Jetzt kann der Teig geformt werden.

Brote

Eine Kastenform mit 1 kg Inhalt erwärmen und einfetten. Den Teig halbieren und eine Hälfte warmstellen. Die andere Portion zu einer Kugel kneten und zu einer länglichen Form rollen, die in die Kastenform paßt.

Zwei Kastenformen mit jeweils 1/2 kg Inhalt erwärmen und einfetten. Den restlichen Teig halbieren und jede Hälfte zu einem Laib formen.

Mit dem verquirlten Ei bestreichen. Bei Verwendung eines Vollkornteigs mit etwas Weizenschrot oder Kleie bestreuen.

Die Kastenformen mit Folie bedecken und an einem warmen Ort

gehenlassen, bis der Teig die Oberkante der Formen erreicht hat. Inzwischen den Backofen auf 230° vorheizen (Gas Stufe 8).
Die Brote im Ofen 20 Minuten backen, dann die Temperatur auf 200° verringern und das große Brot noch 20 Minuten, die kleinen 10 Minuten backen. Die Brote aus den Formen stürzen und auf die Unterseite klopfen - wenn sie hohl klingen, sind sie durchgebacken. Auf einem Gitterrost abkühlen lassen.
Backbleche einfetten. Den Teig in Portionen zu je 50 g einteilen: Es ergeben sich etwa 40 Brötchen. Die Teigstücke mit der Handfläche auf einer leicht bemehlten Arbeitsfläche zu glatten Kugeln rollen. Auf die vorbereiteten Backbleche setzen und mit etwas verquirltem Ei bestreichen. Die Brötchen können mit Sesamkörnern, Mohn, Kümmel oder Kleie bestreut werden. Mit Plastikfolie bedecken und 10 - 15 Minuten an einem warmen Ort gehenlassen. Den Backofen inzwischen auf 230° erhitzen (Gas Stufe 8). Die Brötchen 10 - 15 Minuten backen.

ROGGENBROT

25 g Trockenhefe,
2 EL. Zuckerrübensirup, 900 ml Wasser,
1 EL. Salz, 1 kg Vollkornmehl, 450 g Roggenmehl,
25 g Margarine, 1 Ei, mit 1 Prise Salz verquirlt,
Weizenschrot oder Kleie

Menge: 2 Brote, fettarm, ballaststoffreich
Die Hefe mit dem Sirup in eine kleine Schüssel geben, dann wie im Grundrezept (S. 116) beschrieben fortfahren. Den Teig 45 Minuten gehenlassen, dann leicht durchkneten.
Den Backofen auf 230° vorheizen (Gas Stufe 8). Zwei Backbleche einfetten.
Den aufgegangenen Teig halbieren und jede Portion zu einem langen, ovalen Laib formen. Die Laibe auf die vorbereiteten Backbleche setzen, die Oberfläche mit dem verquirlten Ei bestreichen und mit Weizenschrot oder Kleie bestreuen. Mit einem scharfen Messer mehrmals einschneiden. Dann können die Brote schön aufgehen. 20 Minuten backen, dann die Temperatur auf 200° einstellen (Gas Stufe 6) und noch 20 Minuten backen.

MALZBROT MIT SULTANINEN

225 g Weizenvollkornmehl, 100 g Sultaninen,
2 EL. pflanzliches Öl, 50 g Malzextrakt, 25 g Zuckerrübensirup,
25 g frische Hefe, 5 EL. lauwarmes Wasser,
1 EL. klarer Honig zum Glasieren.

Menge: 1 Brot von 450 g, fettarm, ballaststoffreich, streng vegetarisch
Das Mehl mit den Sultaninen in eine vorgewärmte Schüssel geben und gründlich vermischen.
Das Öl, den Malzextrakt und Zuckerrübensirup in einen Topf geben und vorsichtig erhitzen.
5 Minuten abkühlen lassen.
Die Hefe in das Wasser rühren, dann zusammen mit dem Topfinhalt zu der Mehlmischung geben und zu einem weichen Teig verarbeiten. Auf eine leicht bemehlte Arbeitsfläche legen und 5 Minuten durchkneten, bis der Teig geschmeidig ist. In eine warme, eingefettete Schüssel legen.
Zudecken und etwa 1 Stunde ruhen lassen, bis er sich im Umfang verdoppelt hat.
Eine Kastenform mit 450 g Inhalt erwärmen und mit etwas Öl bepin-

seln. Den Backofen auf 200° erhitzen (Gas Stufe 6).
Den aufgegangenen Teig auf eine bemehlte Fläche legen und noch einmal 5 Minuten durchkneten. Dreifach zusammenlegen und in die Kastenform legen.
Mit einem sauberen feuchten Tuch bedecken und etwa 20 Minuten an einem warmen Ort stehen lassen, bis der Teig die Oberkante der Form erreicht hat.
Im Ofen 45 Minuten backen. Aus der Form nehmen und auf einen Gitterrost stellen, mit Honig bestreichen und abkühlen lassen.

GEWÜRZBROT MIT ÄPFELN, DATTELN UND SESAM

350 g Weizenvollkornmehl, 2 1/2 TL. Backpulver, 1/4 TL. feines Salz, 1/4 Teel. geriebene Muskatnuß, 1 TL. Mischgewürz oder 1/4 TL. Pimentpulver, 1/4 TL. Muskatblüte, 1/4 TL. gemahlener Kardamon und 1/4 TL. Ingwerpulver, geriebene Schale von 1/2 Zitrone, 50 g Rohrzucker, 2 Eier verquirlt, 150 ml einfaches ungesüßtes Joghurt, 1 großer Kochapfel, geschält, entkernt und geraspelt, 225 g entsteinte Datteln, gehackt, 50 g Sesamkörner

Menge: 1 Brot von 1 kg
fettarm, ballaststoffreich
Den Backofen auf 160° vorheizen (Gas Stufe 3).
Eine Kastenform mit 1 kg Inhalt einfetten und mit etwas Mehl bestreuen.
Das Mehl mit dem Salz und den Gewürzen in eine große Schüssel sieben und die im Sieb gebliebene Kleie dazugeben. Die Zitronenschale und den Zucker zufügen und in die Mitte eine Mulde drücken. Die Eier und das Joghurt hineingießen und die trockenen Zutaten nach und nach in die Flüssigkeit rühren.
Den Apfel, die Datteln und 25 g Sesamkörner hineinrühren.
Den Teig zu einem Laib formen und in die vorbereitete Form setzen. In den Ecken hinunterdrücken und die Oberseite mit einem Löffelrücken glattstreichen. Die restlichen Sesamkörner darüberstreuen und etwas andrücken.
Im Backofen 1 1/2 bis 1 3/4 Stunden backen, bis das Brot schön aufgegangen und hellbraun gefärbt ist.
Das Brot 5 - 10 Minuten in der Form abkühlen lassen, dann aus der Form nehmen und auf einem Gitterrost ganz abkühlen lassen.
Vor dem Servieren mindestens 1 Tag stehenlassen.
Abwandlungen:
100 g Datteln durch 100 g kandierte und gehackte Kirschen oder 100 g gehackte Walnüsse ersetzen.

CHAPPATIS

225 g Vollkornweizenmehl, 1 Prise Salz, etwa 150 ml Wasser, Margarine zum Bestreichen

Menge: 8 Chappatis
fettarm, ballaststoffreich, streng vegetarisch (ohne Margarine)
Das Mehl mit dem Salz in eine große Schüssel sieben und in die Mitte eine Mulde drücken. Nach und nach das Wasser zugeben und einen festen Teig herstellen. Etwa 15 Minuten kräftig kneten, bis der Teig glatt ist. Mit einem feuchten Tuch bedecken und etwa 30 Minuten ruhen lassen. Der Teig sollte ziemlich fest sein. In acht Portionen teilen und jeweils zu einem Kreis mit etwa 15 cm Durchmesser ausrollen. Rollholz und Arbeitsfläche dabei mit Mehl bestäuben, damit der Teig nicht anklebt.
Die Fladen einzeln in einer sehr heißen schweren Bratpfanne ohne Fett backen. Wenn die Oberseite anfängt, Blasen zu werfen, wenden und 30 - 40 Sekunden auf der anderen Seite backen. Dann unter einen heißen Grill legen, bis die Fladen sich aufblähen. Eine Seite mit etwas Margarine bestreichen, zusammenfalten und heiß servieren.

PURIS

100 g Vollkornweizenmehl, 100 g Weizenmehl, 1/2 TL. Salz, 25 g Margarine, zerlassen, etwa 150 ml Wasser, Öl zum Fritieren

Menge: 8 Puris, ballaststoffreich
Die trockenen Zutaten in eine große Schüssel sieben und die im Sieb gebliebene Kleie zugeben. In die Mitte eine Vertiefung drücken und die zerlassene Margarine hineingießen. Nach und nach das Wasser zugeben und zu einem festen Teig verkneten.
Noch 5 - 10 Minuten kneten, mit einem feuchten Tuch abdecken und 15 Minuten stehenlassen.
Den Teig in acht Stücke teilen und jeweils zu einem dünnen Kreis von 10 - 13 cm Durchmesser ausrollen.
Das Öl erhitzen und die Puris einzeln ausbacken. Sie blähen sich nach einigen Sekunden auf. Mit einem Löffelrücken niederdrücken.
Wenn die Puris knusprig und goldbraun sind, aus dem Öl nehmen und auf Küchenkrepp abtropfen lassen. Heiß servieren.
Abwandlung:
Für Cocktail - Puris kleine Teigstückchen zu 4 cm großen Kreisen ausrollen. Nach dem Backen mit Sesam- oder Selleriesalz bestreuen.

VOLLKORN - MÜRBTEIG

75 g Weizenvollkornmehl,
40 g Margarine, 50 g kalte, gequetschte Kartoffeln,
1 EL. eiskaltes Wasser

Menge: ausreichend für eine runde Form mit 20 cm Durchmesser
Das Mehl in eine Schüssel geben. Die Margarine zugeben und in das Mehl einarbeiten, bis eine krümelige Masse entsteht. Die zerquetschte Kartoffel, dann das Wasser unterrühren. Zu einem festen Teig kneten. Auf eine leicht bemehlte Arbeitsfläche legen, ausrollen und je nach Rezept verarbeiten.

VOLLKORN - PFANNKUCHEN

50 g Weizenvollkornmehl,
1/2 TL. Backpulver, 150 ml fettarme Milch, 1 Eiweiß,
pflanzliches Öl zum Backen

Menge: 4 Pfannkuchen, fettarm, ballaststoffreich
Das Mehl mit dem Backpulver in eine Schüssel sieben und die im Sieb gebliebene Kleie zugeben. Nach und nach die Milch hineinschlagen.
Das Eiweiß steifschlagen und unter den Teig heben. Eine beschichtete Pfanne mit 20 cm Durchmesser mit etwas Öl auspinseln. 1/4 des Teiges hineingießen und die Pfanne schwenken, damit der Boden gleichmäßig mit Teig bedeckt ist.
Backen, bis sich die Unterseite gebräunt hat, dann wenden und noch 10 Sekunden backen. Aus dem restlichen Teig drei weitere Pfannkuchen herstellen und vor dem Servieren mit etwas eingeölter Folie dazwischen stapeln.

Mahlzeiten für unterwegs

GEMÜSEPASTETE

450 g Zuccchini, geraspelt, 1 EL. grobes Salz, 15 g Margarine, 1 kleine Zwiebel, geschält und gerieben, 3 Knoblauchzehen, geschält und zerdrückt, 2 Eier, 150 ml fettarme Milch, 1/2 EL. Kräutersenf, 2 EL. gehackte frische Kräuter (z.B. Kerbel, Schnittlauch, Minze, Petersilie), frisch gemahlener schwarzer Pfeffer, 1 große Prise Cayennepfeffer, 225 g frischer Spinat, gespült und abgetropft
Zum Garnieren: 8 EL. feingeschnittener Weißkohl, 2 große Möhren, geschabt und gerieben, 1 mittelgroße Tomate, Schnittlauch

6 - 8 Portionen, fettarm
Wenn Sie nicht viel Zeit haben, können Sie den Spinat weglassen, der der Pastete eine interessante dunkelgrüne Hülle verleiht.
Die geraspelten Zucchini in einen Durchschlag geben und mit dem groben Salz bestreuen. 30 Minuten abtropfen lassen. Unter kaltem Wasser abspülen und nochmals abtropfen lassen.
Inzwischen eine gut eingefettete Kastenform mit 1 kg Inhalt mit beschichtetem Papier auslegen und den Backofen auf 180° vorheizen (Gas Stufe 4).
Die Margarine in einer beschichteten Pfanne zerlassen, die Zwiebel und den Knoblauch zufügen und bei mittlerer Hitze unter gelegentlichem Rühren 3 Minuten dünsten. Die Zucchini zugeben, gelegentlich wenden und 10 Minuten vorsichtig dünsten. Die Pfanne vom Herd nehmen und abkühlen lassen.
Die Eier mit der Milch verschlagen. Das abgekühlte Gemüse, den Senf und die Kräuter hineinrühren und nach Geschmack mit Pfeffer und Cayennepfeffer würzen - die Pastete kann ruhig scharf sein.
Die Pastetenmasse in die vorbereitete Form geben und mit Folie bedecken. Die Form in eine Bratpfanne setzen, in die 4 cm kaltes Wasser gegossen wird.

Im Ofen 30 Minuten backen. In der Form abkühlen lassen.
Von den Spinatblättern die Stiele abstreifen. Den Spinat in einen großen Topf mit kochendem Salzwasser geben und zugedeckt 2 Minuten dünsten.
Das Wasser abgießen und die Blätter trockentupfen.
Die Pastete aus der Form in eine Schüssel geben und das Papier abziehen. Die abgetrockneten Spinatblätter in einem gefälligen Muster auf der Pastete anordnen. Jetzt kann die Pastete in einen festen Behälter mit Deckel gepackt werden.
Die Tomate enthäuten und von oben nach unten achtmal bis kurz über den Boden einschneiden. Die geschnittenen Spalten vorsichtig auseinanderdrücken und die Kerne entfernen. Die Tomate mit den anderen Garnierzutaten in einen geschlossenen Behälter packen.
Wenn die Pastete ausgepackt und auf eine Platte gesetzt wird, den Rand der Platte mit dem kleingeschnittenen Kohl und der geriebenen Möhre garnieren. Die Tomate mit dem Stielansatz nach oben auf die Pastete setzen und mit Schnittlauch verzieren.

KOHLSALAT

350 g Weißkohl, geputzt und fein geraspelt,
225 g Möhren, geschabt und gerieben, 1 Tafelapfel, entkernt und gewürfelt,
25 g Sultaninen, 25 g ungesalzene Erdnüsse
Salatsauce: 1 EL. Weizen-Vollkornmehl, 2 TL. französischer Senf,
Salz und frisch gemahlener schwarzer Pfeffer, 150 ml Weinessig,
15 g Margarine, 1 Ei, etwas fettarme Milch

6 Portionen, ballaststoffreich
Für die Salatsauce das Mehl mit dem Senf in einen Topf geben. Mit Salz und Pfeffer abschmecken und etwas Essig unterrühren, um eine glatte Paste zu erhalten, dann nach und nach den restlichen Essig unterrühren. Den Topf auf eine Herdplatte mit niedriger Hitze stellen und unter ständigem Rühren aufwallen lassen. 5 Minuten leise kochen lassen. Topf vom Herd nehmen und die Margarine einrühren.
Das Ei in einer Schüssel schlagen, dann nach und nach die Sauce hineinschlagen. Wieder in den Topf geben und aufkochen, bis die Sauce dick wird. Abkühlen lassen, dann mit Milch verdünnen, bis die gewünschte Konsistenz erreicht wird. Abschmecken.
Kohl, Möhren, Apfel, Sultaninen und Erdnüsse in einer Salatschüssel mischen, dann soviel Salatsauce darübergießen, daß die Salatzutaten angefeuchtet sind.

TOMATEN - QUICHE

1 Portion Vollkorn-Mürbteig
für eine Form von 20 cm Durchmesser (S. 122)
Belag: 350 g Tomaten, enthäutet und in dünne Scheiben geschnitten, 1 kleine Zwiebel, geschält und gehackt, 1 TL. gehacktes Basilikum, 1 TL. gehackte Petersilie, 1 TL. Thymian, 2 EL. kochendes Wasser, Salz und frisch gemahlener schwarzer Pfeffer, 1 Ei, 250 ml fettarme Milch
Zum Garnieren: Tomatenscheiben, Petersilie

4 Portionen, ballaststoffreich
Den Backofen auf 180° vorheizen (Gas Stufe 4).
Für den Belag die Tomaten mit der Zwiebel, dem Basilikum, der Petersilie, dem Thymian und Wasser in einen Topf geben und salzen und pfeffern. 5 - 6 Minuten dünsten, bis Tomaten und Zwiebeln weich sind, dann abkühlen lassen.

Die Eier mit der Milch verschlagen und mit der Tomatenmasse vermengen. Auf den Mürbteigboden gießen und im Ofen 35 - 40 Minuten backen, bis der Belag fest ist und eine goldgelbe Färbung bekommt. Mit Tomatenscheiben und Petersilie garnieren.

ZWIEBELKUCHEN

1 Portion Vollkorn-Mürbteig (S. 122)
Belag: 25 g Margarine, 750 g große Zwiebeln, geschält und in dünne Streifen geschnitten, 3 Eier, 250 ml fettarme Milch, Salz und frisch gemahlener Pfeffer

4 Portionen, ballaststoffreich
Den Backofen auf 220° vorheizen (Gas Stufe 7).
Die Margarine in einem schweren Topf zerlassen und die Zwiebeln vorsichtig darin dünsten, bis sie anfangen weich zu werden.
Die Eier mit der Milch verschlagen und mit Salz und Pfeffer würzen. In die Zwiebeln rühren und die Mischung in die Kuchenform, die mit dem Mürbteig ausgelegt ist, gießen. Im Ofen 20 - 25 Minuten backen, bis der Belag gestockt ist und eine goldgelbe Färbung angenommen hat.

PFIRSICHE MIT HÜTTENKÄSE

175 g Hüttenkäse, 50 g blauer Brie, ohne Rinde, gehackt, 25 g Walnußkerne, gehackt, Salz und frisch gemahlener schwarzer Pfeffer, 4 reife Tafelpfirsiche, geschält, geviertelt und entsteint, Saft von 1/2 Zitrone

4 Portionen
Den Hüttenkäse mit dem Brie, den Walnüssen, von denen drei Eßlöffel aufgehoben werden, Salz und Pfeffer glattrühren. Pfirsichstücke in feine Spalten schneiden und sofort mit dem Zitronensaft bestreichen. Etwas Käsemischung auf die Pfirsiche streichen, die Pfirsichspalten darüberschichten, mit Käsemischung bestreichen und mit Nüssen bestreuen. Die Pfirsiche vorsichtig in einen Behälter mit festschließendem Deckel packen.

NUDELSALAT

25 g blanchierte Mandeln,
100 g gemischte bunte Nudeln, 3 EL. pflanzliches Öl,
100 g Erbsen, frisch oder eingefroren, 3 Selleriestangen, gehackt,
1 kleiner Bund Frühlingszwiebeln, gehackt, 6 schwarze Oliven, entsteint und gehackt, 1 EL. Weinessig, Salz und frisch gemahlener schwarzer Pfeffer
Zum Garnieren: Brunnenkresse

4 Portionen, ballaststoffreich
Die Mandeln etwa 1 Minute trocken rösten, bis sie leicht gebräunt sind. Dabei die Pfanne häufig schwenken. Die Nudeln und die frischen Erbsen in kochendes Salzwasser, dem 1 Eßlöffel Öl zugesetzt wurde, geben und in etwa 10 Minuten

garen. Bei Verwendung von Gefriererbsen diese nach der Hälfte der Kochzeit zugeben.
Gründlich abtropfen lassen und mit kaltem Wasser abschrecken. Abkühlen lassen.
Die Nudeln und Erbsen in einer Schüssel mit den Selleriestreifen vermischen.
Die Frühlingszwiebeln, Oliven und Mandeln zugeben.
Das restliche Öl mit dem Essig verrühren und mit Salz und Pfeffer würzen. Über den Nudelsalat gießen und alle Zutaten vermischen. Den Salat in einen Behälter mit Deckel füllen und mit Brunnenkresse garnieren.

SPINATPASTETE

4 Eier, 300 ml fettarme Milch,
225 g gehackter Gefrierspinat, aufgetaut,
50 g frische Vollkornbrösel, 50 g Cheddar oder Gouda,
gerieben, 1/4 TL. geriebene Muskatnuß

4 Portionen, ballaststoffreich
Dieses Gericht kann auch heiß mit frischer Tomatensauce (S. 56) als leichtes Hauptgericht zu Hause serviert werden.
Eine feuerfeste runde Form mit 1,5 l Inhalt einfetten und den Backofen auf 180° vorheizen (Gas Stufe 4).
Die Eier mit der Milch in einer Schüssel schlagen. Den Spinat, die Brösel, Käse und Muskat hineinrühren. Mit Salz und Pfeffer würzen und in die vorbereitete Form gießen. Im Ofen etwa 1 Stunde backen (die genaue Zeit hängt von der Höhe der Form ab), bis die Creme fest geworden und leicht aufgegangen ist.
In der Form abkühlen lassen, bevor die Pastete in Haftfolie eingewickelt wird.

Schlankheits-rezepte

JOGHURTTUNKE

150 ml einfaches, ungesüßtes Joghurt,
225 g Hüttenkäse, 1 EL. geriebene Zwiebel, 6 kleine Essiggurken,
sehr fein gehackt, 1 TL. Salz

4 - 6 Portionen, fettarm
Das Joghurt mit dem Hüttenkäse, der Zwiebel und den Gurkenstückchen in einer Schüssel gründlich miteinander verrühren.
1 Stunde im Kühlschrank kaltstellen.
In eine Servierschale geben und zu gebackenen Kartoffeln oder Rohkost servieren.

HÜTTENKÄSETUNKE

450 g Hüttenkäse,
1 TL. Kümmel, 1/2 grüne Paprikaschote, entkernt und
feingehackt, 2 EL. feingehackte Brunnenkresse, 1/2 TL. Salz, frisch gemahlener
schwarzer Pfeffer, 1 Knoblauchzehe, zerdrückt (nach Belieben)
Zum Garnieren: 1/2 TL. Paprikapulver

10 - 12 Portionen, fettarm
Wenn eine glatte Tunke gewünscht wird, den Hüttenkäse durch ein Sieb drücken.
Den Hüttenkäse mit dem Kümmel, den grünen Paprikastückchen, der Brunnenkresse, Salz, Knoblauch, falls verwendet, vermischen. Die Tunke in ein Schüsselchen geben und mit Paprikapulver bestreuen.

GEBACKENE KARTOFFELN

Auf Kartoffeln sollte man nicht verzichten, wenn man abnehmen will. Sie sind von hohem Nährwert, schmecken gut und ergeben mit einer Beilage eine ausgewogene Mahlzeit.
Zum Backen Kartoffeln von gleicher Größe wählen.
Die Kartoffeln bürsten und abtrocknen, dann mehrmals mit einer Gabel einstechen. Auf ein Backblech setzen und im vorgeheizten Backofen bei 200° (Gas Stufe 6) 1 - 1 1/2 Stunden backen.
Mit einem Messer prüfen, ob sie durchgebacken sind.
Diese Kartoffeln mit einer der folgenden Füllungen servieren.

CAMEMBERT - FÜLLUNG

50 g Camembert ohne Rinde,
50 g Hüttenkäse, Salz und frisch gemahlener schwarzer Pfeffer

Für 1 Kartoffel
Den Camembert mit dem Hüttenkäse zerquetschen und mit Salz und Pfeffer abschmecken.
Die Kartoffel halbieren, etwas aushöhlen und die Kartoffelmasse mit dem Käse verrühren.
Die Masse zurück in die ausgehöhlten Kartoffelhälften füllen. 2 Minuten unter einen heißen Grill oder in den Ofen mit eingeschalteter Oberhitze schieben.

HÜTTENKÄSE - FÜLLUNG

50 g Hüttenkäse,
2 TL. Tomatenmark, Salz und frisch gemahlener schwarzer Pfeffer

Für eine Kartoffel, fettarm
Den Hüttenkäse mit dem Tomatenmark verrühren und mit Salz und Pfeffer abschmecken.
Die Kartoffel halbieren, etwas aushöhlen und die Kartoffelmasse mit dem Käse vermischen. Die Masse zurück in die ausgehöhlten Kartoffelhälften füllen und noch einmal für 2 Minuten in den Ofen schieben. Mit Kresse und Salatblättern garnieren.

WEISSE BOHNEN MIT PAPRIKA

*350 g weiße Bohnen,
über Nacht in kaltem Wasser eingeweicht, 2 EL. pflanzliches Öl,
1 große Zwiebel, geschält und in Streifen geschnitten, 1 Knoblauchzehe,
geschält und zerdrückt, 1 EL. Paprikapulver, Salz, 2 EL.Tomatenmark,
50 g Paprikaschote, eingelegt, in Streifen geschnitten,
400 g Dosentomaten,
150 ml Wasser*

4 Portionen, ballaststoffreich, fettarm, streng vegetarisch
Die Bohnen abtropfen lassen, mit frischem Wasser bedecken und zum Kochen bringen.
45 Minuten kochen lassen, bis sie beinahe gar sind, abgießen und abtropfen lassen.
Inzwischen das Öl in einem großen beschichteten Topf erhitzen und die Zwiebel und den Knoblauch darin weichdünsten. Das Paprikapulver einrühren, salzen und unter häufigem Umrühren 2 - 3 Minuten dünsten. Die Bohnen, das Tomatenmark, die kleingeschnittene Paprikaschote, Tomaten und Wasser zugeben.
Aufkochen und zugedeckt etwa 10 Minuten dünsten.

ROHKOST

*6 kleine grüne Paprikaschoten,
entkernt und in Streifen geschnitten, 1 große rote Paprikaschote,
entkernt und in Streifen geschnitten, 1 große gelbe Paprikaschote, entkernt
und in Streifen geschnitten, 1 Knolle Stangensellerie (nur die weißen Teile), geputzt,
in Stangen zerteilt und halbiert, 2 Fenchelknollen (nur die weißen Teile),
geputzt und in Streifen geschnitten, 2 Gurken, in dünne Scheiben
geschnitten, 1 Bund Radieschen, geputzt, 450 g junge, zarte dicke Bohnen,
8 kleine Artischocken, Stiele, äußere Blätter
und Herz entfernt*

8 Portionen, ballaststoffreich, fettarm
Die vorbereiteten Gemüsesorten auf einer großen Platte anrichten und farblich verteilen - vielleicht in Form einer Blüte. Die Artischocken müssen in einer Schüssel mit viel Wasser getaucht werden, dem ein paar Tropfen Zitronensaft zugesetzt wurden, damit sie nicht verfärben. Sobald wie möglich servieren und dazu eine Auswahl von Tunken reichen, zum Beispiel Hüttenkäse- oder Joghurttunke (Seite 129).

GRAPEFRUIT MIT MINZE

2 große Grapefruits, 2 Orangen,
1 EL. Zitronensaft, 250 ml Limonade, 2 EL. feingehackte frische Minze,
Zum Verzieren: 4 Minzestengel

4 Portionen, streng vegetarisch, fettarm

Die Grapefruits mit einem zickzackförmigen Schnitt halbieren. Das Fruchtfleisch aus den Hälften herauslösen. Die Orangen schälen, in Spalten zerteilen und in kleine Stücke schneiden. Mit dem Grapefruitfleisch vermischen und in die Grapefruithälften füllen. Den Zitronensaft mit der Limonade und der gehackten Minze verrühren. In einen Eisbehälter gießen und einfrieren, bis die Masse halbgefroren ist. Auf die Grapefruits häufen und mit einem Minzestengel verzieren.

BLAUSCHIMMELKÄSE - FÜLLUNG

50 g Dänischer Blauschimmelkäse, zerkrümelt, 4 EL. einfaches, ungesüßtes Joghurt, Salz und frisch gemahlener schwarzer Pfeffer

Für 1 Kartoffel

Den Käse mit dem Joghurt verrühren und mit Salz und Pfeffer abschmecken.

Die Kartoffel oben kreuzweise einschneiden und mit der Käsemasse füllen.

Noch einmal 2 Minuten in den Ofen schieben.

Abbildung auf Seite 131.

GEBACKENE JOGHURTCREME

300 ml einfaches, ungesüßtes Joghurt, ein paar Tropfen Vanille-Essenz, 2 Eier, geschlagen, 150 ml fettarme Milch, 1/4 TL. geriebene Muskatnuß

4 Portionen, fettarm

Den Backofen auf 170° vorheizen (Gas Stufe 3).

Das Joghurt mit der Vanille in eine Schüssel geben und gründlich verrühren. Die Eier und die Milch zugeben und kräftig schlagen.

In eine feuerfeste Form gießen und mit dem Muskat bestreuen. Die Form in eine Schmorpfanne stellen und diese 2,5 cm hoch mit Wasser füllen. Im Ofen 40 Minuten backen.

Heiß oder kalt mit frischen oder gedämpften Früchten servieren.

Für zwei Personen

BANANEN AUF BRASILIANISCHE ART

2 mittelreife Bananen, geschält,
3 EL. Orangensaft, 1 EL. Zitronensaft, 15 g Margarine, 2 EL. brauner Zucker,
1 EL. frisch geriebene oder getrocknete Kokosraspeln,
einfaches, ungesüßtes Joghurt

2 Portionen
Eine flache Kasserolle leicht einfetten und den Backofen auf 200° vorheizen (Gas Stufe 6).
Die Bananen in die Kasserolle legen. Den Orangensaft mit dem Zitronensaft verrühren und über die Bananen gießen. Die Margarine in Flöckchen darauf verteilen, den Zucker darüberstreuen und 10 - 15 Minuten im Ofen backen.
Heiß oder warm servieren, mit den Kokosraspeln bestreuen und mit dem Joghurt krönen.

MAIS UND BOHNEN

200 g Gemüsemais, abgetropft,
225 g gekochte Bohnen, 225 g Dosentomaten, 1 mittlere Zwiebel,
geschält und feingehackt, 100 g ungesalzene geröstete Erdnüsse, feingehackt,
Salz und frisch gemahlener schwarzer Pfeffer,
100 g reifer Cheddar oder Gouda,
gerieben

2 Portionen, ballaststoffreich
Eine Backform einfetten und den Backofen auf 180° vorheizen (Gas Stufe 4).
Den Mais mit den Bohnen, Tomaten mit ihrem Saft, der Zwiebel und den Erdnüssen vermischen und mit Salz und Pfeffer abschmecken.
In die Backform füllen und mit Käse bestreuen. 30 Minuten im Ofen backen.

FLORENTINER

2 Scheiben Weizenvollkornbrot,
Margarine zum Bestreichen, 100 g gekochter Blattspinat,
abgetropft und gehackt, 50 g Mozzarella, gewürfelt, 2 große Eier, getrennt,
Salz und frisch gemahlener schwarzer Pfeffer
Zum Garnieren: Brunnenkresse

2 Portionen, ballaststoffreich
Den Backofen auf 180° vorheizen (Gas Stufe 4). Das Brot toasten und mit etwas Margarine bestreichen, dann die Scheiben mit dem Spinat und den Käsewürfeln bedecken.
Das Eiweiß salzen und pfeffern und nicht zu steif schlagen. Den Eischnee auf die beiden Toastscheiben verteilen. In die Mitte eine Mulde drücken und das Eigelb hineingleiten lassen. Auf ein Backblech setzen und im Ofen etwa 10 Minuten backen lassen, bis das Eigelb gestockt ist.
Mit Brunnenkresse garnieren und sofort servieren.
Abbildung rechte Seite, unten.

GEMÜSEREIS

150 g Naturreis,
600 ml Wasser oder Gemüsebrühe (Seite 26),
Salz, 1 Lorbeerblatt, 1 EL. pflanzliches Öl, 1 Knoblauchzehe,
geschält und zerdrückt, 1 Zwiebel, geschält und feingehackt, 2 Selleriestangen,
geputzt und in dünne Streifen geschnitten, 1 grüne Paprika, entkernt und
in feine Streifen geschnitten, 1/2 TL. getrocknetes Basilikum, 50 g reifer Cheddar
oder Gouda, gerieben, frisch gemahlener schwarzer Pfeffer,
2 große Tomaten, in dünne Scheiben geschnitten
Zum Garnieren: gehackte Petersilie

2 Portionen, ballaststoffreich
Den Reis in einen Durchschlag geben und unter kaltem Wasser bedecken und 30 Minuten einweichen lassen. Abgießen und mit dem Wasser oder Brühe, dem Salz und dem Lorbeerblatt in einem Topf geben. Zum Kochen bringen, dann zugedeckt bei schwacher Hitze 40 - 45 Minuten kochen lassen, bis der Reis gar ist und die Flüssigkeit aufgesogen ist.
15 Minuten vor dem Ende der Garzeit das Öl in einer großen beschichteten Pfanne erhitzen. Langsam den Knoblauch, die Zwiebel, den Sellerie und die Paprika darin dünsten, bis sie weich, aber nicht braun sind. Das Basilikum, die Hälfte der Käsemenge und

den Reis hineinrühren und mit dem Pfeffer würzen.
Mit einer Gabel alles leicht durchmischen und erhitzen.
Die Reismischung in eine flache feuerfeste Form füllen und die Tomatenscheiben darauf verteilen.
Mit dem restlichen geriebenen Käse bestreuen und 2 - 3 Minuten unter einen heißen Grill schieben, bis der Käse eine goldbraune Färbung bekommt und Blasen wirft.
Mit gehackter Petersilie bestreuen und servieren.

PIZZABRÖTCHEN

2 Vollkorn-Muffins oder -Brötchen,
225 g Dosentomaten, abgetropft und gehackt, 8 - 10 schwarze Oliven,
entsteint und gehackt, 1 kleine Knoblauchknolle, geschält und zerdrückt,
1/2 TL. getrockneter Oregano, Salz und frisch gemahlener
schwarzer Pfeffer, 50 g reifer Cheddar oder Gouda,
gerieben

2 Portionen, ballaststoffreich
Die Brötchen auf beiden Seiten unter dem Grill rösten, dann aufschneiden. Die Tomaten in eine Schüssel geben und die Oliven, den Knoblauch und den Oregano untermischen. Salzen. Die Brötchenhälften gleichmäßig damit belegen und mit geriebenem Käse bedecken.
Bei mittlerer Hitze unter einen Grill schieben, bis der Käse Blasen wirft.

APFELTOAST

Margarine zum Bestreichen,
2 Scheiben Weizenvollkornbrot ohne Kruste,
15 g brauner Zucker, 1 Prise Zimt, 1 Kochapfel, geschält,
entkernt und in dünne Spalten geschnitten,
15 g Margarine

2 Portionen
Den Backofen auf 190° erhitzen (Gas Stufe 5).
Das Brot mit ein wenig Margarine bestreichen und mit der bestrichenen Seite nach unten in eine flache feuerfeste Form legen. Zucker und Zimt vermischen und die Hälfte davon über das Brot streuen.
Die Brotscheiben mit den Apfelschnitzen belegen und mit Zucker und Zimt bestreuen.
Die Form mit leicht eingefetteter Folie bedecken und 25 - 30 Minuten im Ofen backen, bis das Brot knusprig ist und die Apfelstücke weich sind.
Dazu Joghurt reichen.

Register

H

I

J

K

L

M

N

O

P

Q

R

S